经济管理高职高专“十一五”部委级规划教材

会计基础技能训练

(第二版)

徐淑芬 编著

中国纺织出版社

内 容 提 要

本书以《中华人民共和国会计法》和财政部2006年2月25日颁布的《企业会计准则》为依据，选用最新的会计核算单证、票据，将会计的基本技能融入基础会计单项训练和综合训练中。通过实际操作训练，可以使学生掌握基本书写、原始凭证和记账凭证的填制和审核、建账、登记账簿、编制会计报表等会计的基本技能和方法。本书具有完整、系统、真实、新颖和可操作性强等特点。

本教材可作为财经院校会计、经济、管理类专业及各类成人高校、职教、短期培训等学生学习和掌握会计基本技能的会计实践教学使用。

图书在版编目（CIP）数据

会计基础技能训练/徐淑芬编著．—2版．—北京：中国纺织出版社，2008.9（2017.8重印）

经济管理高职高专“十一五”部委级规划教材

ISBN 978－7－5064－5216－8

Ⅰ．会…　Ⅱ．徐…　Ⅲ．会计学－教材　Ⅳ．F230

中国版本图书馆CIP数据核字（2008）第096280号

策划编辑：曹炳镝　　责任编辑：赫九宏　　责任印制：陈　涛

中国纺织出版社出版发行

地址：北京市东直门南大街6号　邮政编码：100027

邮购电话：010—64168110　传真：010—64168231

http：//www. c－textilep. com

E-mail：faxing @ c－textilep. com

北京云浩印刷有限责任公司印刷　各地新华书店经销

2001年1月第1版　2008年9月第2版

2017年8月第19次印刷

开本：787×1092　1/16　印张：15　插页：1

字数：260千字　定价：26.80元

前 言

《会计基础技能训练》是适应财经院校会计专业培养目标，充分考虑学生的基础和特点，为改进单纯的课堂教学模式，进一步提高教学质量编写的。通过本教材的学习，能够模拟仿真操作，使学生能够系统地练习企业会计核算的基本程序和具体方法，加强学生对会计基本概念、基本理论的理解，掌握会计基本方法，培养学生综合地、系统地运用所学的会计方法和技术进行独立会计核算的能力，为后续专业课的学习和毕业后上岗工作奠定基础。

本教材以财政部2006年2月25日执行的《企业会计准则》和《会计基础工作规范》为依据，在单项实训中选取企业11月份部分日常性经济业务为技能训练资料，要求学生根据有关会计事项进行会计基础单项训练，完成填制会计凭证、登记账簿、错账更正及编制会计报表等基本操作；在综合实训中选取企业12月份完整的经济业务为技能训练资料，要求学生根据有关会计事项进行会计基础综合训练，完成建账、填制会计凭证、登记账簿、编制会计报表等基本操作。

本教材采取以学生为主体的协作式学习模式，在操作过程中，学生可以通过“分组”、“角色互换”、“课堂讨论”等方式进行实际操作，这样既能够调动学生的竞争意识，又可以激发学生的学习兴趣，同时也能够培养学生的协作精神。教材中所提供的商品购销、银行结算、费用支付、账项调整、纳税等会计事项的原始凭证，具有极强的仿真性。学生所使用的记账凭证、账簿和会计报表与实际工作中所使用的完全相同，使学生接近制造业企业经济活动的内容，亲身体验和熟悉会计核算的过程，掌握会计核算的方法，有利于培养学生运用所学到的专业理论知识指导实践，提高学生解决实际问题的能力和创造能力。为了方便学生学习，主要训练项目附有参考答案。

本教材作为会计实践教学用书，在教学组织上单项训练可与《基础会计》课程同步配套使用，综合训练可以在《基础会计》课程结束后进行分阶段集中操作训练时使用。

本教材由天津工业大学徐淑芬编著。在教材的编写过程中，中国纺织出版社及编辑给予了大力支持和帮助，在此表示衷心的感谢。由于作者水平所限，教材中可能会出现错误和缺陷，恳请有关专家和教材的使用者批评指正。

编著者

2008年3月16日

目录

《会计基础技能训练》
课程设置指导

一、课程的性质

《会计基础技能训练》是会计学专业开设的一门专业必修课。该课程具有较强的操作性和实践性，通过本课程的学习可以为后续专业课的学习和毕业后上岗工作奠定良好的基础。

二、教学目的和要求

通过教学，使学生熟悉会计工作规范体系及会计工作组织等基础理论知识，掌握会计凭证填制和审核、会计账簿登记、会计报表编制等操作技能，熟练运用借贷记账法处理制造业企业的主要经济业务。讲授时，要激发学生的学习热情，调动学生的学习积极性，使学生主动参与到技能训练过程中去，同时还要加强会计基础工作规范的培养，使学生对会计学具有全面和系统的认识。培养学生独立的会计操作能力是本课程教学的重点。

三、教学原则和方法

作为会计专业的首轮实践课程，《会计基础技能训练》课程的学习情况直接影响到学生后续专业理论课和实践课的学习。因此在组织《会计基础技能训练》的过程中，要注重理论与实践相结合，提高学生的学习兴趣，注重培养学生动手操作能力，注意安排好实践教学环节，充分发挥会计模拟实践的作用，促进学生操作技能的巩固和提高，培养学生分析问题、解决问题的能力。

四、课时安排（仅供参考）

序号	授课内容	课时	备注
一	数字书写练习	1	单项实训
二	填制和审核经济业务原始凭证	1	
三	填制和审核经济业务记账凭证	1	
四	登记日记账、明细分类账	1	
五	错账更正	1	
六	编制会计报表	1	
七	建账（总分类账、日记账、明细分类账）并登记期初余额	4	综合实训
八	根据1～30日的经济业务填制和审核有关的原始凭证	8	
九	根据1～30日原始凭证填制和审核记账凭证	8	
十	根据1～30日的记账凭证登记账簿日记账和明细账	8	
十一	根据31日的经济业务填制和审核原始凭证和记账凭证并登记明细分类账	16	
十二	根据31日的记账凭证编制科目汇总表并登记总分类账	4	
十三	对账和结账、编制期末余额试算平衡表	2	
十四	编制会计报表	2	
十五	会计资料的整理和装订	2	
十六	撰写实习报告	2	
合计		62	

第一章　总　论

学习目标：通过本章的学习，掌握会计基础技能训练的目的、主要内容和要求；了解会计基础技能训练应具备的条件和组织方式；明确会计基础技能训练的流程和考核方法。

一、会计基础技能训练的目的

会计基础技能训练是学生在教师的指导下，利用一定的实验用品、设备和资料，按照会计核算的实际工作要求，利用真实的会计凭证、会计账簿和会计报表，对一定时期的经济业务进行会计核算，通过编制会计凭证、登记账簿和编制会计报表，以便熟悉会计核算过程和掌握会计核算基本技能。

会计基础技能训练课是一门会计专业实践性很强的课程，它是继会计学基础课程之后开设的并与其配套衔接的会计实验课程。在学习基础会计后，开设基础会计实训课，既能够验证理论课程的学习情况，还可以进一步巩固会计核算的基本理论和方法，其目的就是通过会计模拟仿真操作，使学生能够系统地练习企业会计核算的基本程序和具体方法，加强学生对会计基本概念、基本理论的理解，对会计基本方法的掌握，培养学生综合地、系统地运用所学的会计方法和技术进行独立会计核算的能力，为后续专业课的学习和毕业后上岗工作奠定基础。

在会计模拟仿真操作的同时，加强对学生的品德教育，培养学生良好的会计人员职业道德，树立诚信思想和爱岗敬业的精神，养成一丝不苟的工作作风。

二、会计基础技能训练的内容

会计基础技能训练的内容主要分为三个方面：熟悉会计工作环境、掌握会计核算的基本操作流程和培养会计基本技能。

（一） 熟悉会计工作环境

熟悉会计工作环境是通过建立模拟会计工作环境来实现的。实训场所的设计、实训工具的使用都与实际工作相仿，从而营造了与实际会计工作相仿的实训环境，增加学生的感性认识。

（二） 掌握会计核算的基本操作流程

在基础会计教学中会计凭证、会计账簿、成本核算、财产清查、会计报表等会计核算方法是分章介绍的。而在实际会计工作中，会计工作是由出纳、制单会计、记账会计、会计主管及审核等岗位分工协作共同完成的。通过会计基础技能训练能够使学生认识到，会计凭证、会计账簿、成本核算、财产清查、会计报表等会计核算方法不是彼此孤立、互不联系的。任何单位在开展会计核算工作之前必须首先明确各种会计凭证、会计账簿、会计报表之间的关系，并把它们有机地结合起来，形成一个全面的、综合的、连续的、系统的会计核算和监督的信息系统。

会计核算程序正是通过不同的会计岗位共同协作实施的。具体内容如下：

(1) 建立会计账簿，包括账簿启用登记、建立总分类账、明细分类账、现金及银行存款日记账等。

(2) 填制由财务部门出具的各种原始凭证，包括开具发票及银行结算凭证等，审核各种外部和内部原始凭证。

(3) 编制有关工资、存货、固定资产折旧及成本计算表。

(4) 编制及审核记账凭证。

(5) 登记总分类账、明细分类账、各种日记账。

(6) 编制银行存款余额调节表、财产清查、往来账款管理。

(7) 期末账项调整。

(8) 期末对账、结账。

(9) 编制财务会计报告，包括资产负债表、利润表等。

（三） 培养会计基本技能

会计基本技能主要包括写算基本技能和会计簿记基本技能两部分。写算能力是财会人员必须具备的基本技能：写，包括文字与数字的书写，应做到规范、清晰、流畅；算，主要是计算汇总能力，要做到快速准确。会计簿记基本技能主要包括建账、登记账簿，货币资金、采购与付款、销售与收款、存货、工资、固定资产、成本费用等经济业务的

核算以及编制财务会计报告等基本技能。会计簿记基本技能是通过处理具体会计事项来实施的。根据会计核算程序的要求，并结合教学的实际需要，我们将基础会计实训分为单项实训和综合实训两部分。

1. 单项实训的内容

主要包括：

(1) 阿拉伯数字和中文大写数字书写。

(2) 原始凭证的填制和审核。

(3) 记账凭证的填制和审核。

(4) 记账。

(5) 错账更正。

(6) 编制会计报表。

2. 综合实训的内容

主要包括：

(1) 建账。

(2) 填制和审核会计凭证。

(3) 登记日记账和明细分类账。

(4) 编制科目汇总表。

(5) 登记总账。

(6) 结账和对账。

(7) 编制试算平衡表。

(8) 编制财务会计报表。

(9) 会计资料的整理和装订。

三、会计基础技能训练的要求

(1) 进行实训前，应复习《基础会计》教材中关于会计核算方法、借贷记账法的应用和科目汇总表会计核算组织程序等方面的内容，在实际操作中运用所学的理论知识指导会计基础技能训练。

(2) 要认真观看会计分岗实训多媒体教学实验演示示例，通过学习完成类似的实训操作，提高学习效率。

(3) 在实训中，遇到课堂教学上没有学到的新知识时，应自己查阅资料，独立钻研，培养独立分析问题和解决问题的能力。

(4) 在实训中，要按照要求运用规范的仿真原始凭证、记账凭证、会计账簿和会计报表，严格按照现行的企业会计制度的要求进行实际操作。

(5) 全部实训结束后，将原始凭证、记账凭证、会计账簿和会计报表装订成册，装在档案袋中，作为考核的依据。

(6) 实训课程结束后，要求写出一份模拟会计操作的实训报告，进一步熟悉、掌握有关知识，提高分析问题和解决问题的能力。

四、会计基础技能训练的环境

(一) 会计模拟实验室

(1) 办公桌椅与会计模拟实验内办公桌椅要求摆放整齐，其布局与企业会计部门相似。

(2) 多媒体教学设备一套。

(3) 会计办公用品一套，包括计算器、算盘、印台、笔筒、记账专用笔、直尺、胶水、直别针、曲别针、文件夹、资料夹、订书器、装订机等。

(二) 实验资料

(1) 会计基础技能训练教材。

(2) 经济业务原始凭证。

(3) 空白记账凭证，包括收款凭证、付款凭证、转账凭证（也可以采用单一记账凭证格式）及记账凭证封皮。

(4) 各种账簿，包括现金及银行存款日记账、总分类账、三栏式明细分类账、多栏式明细分类账、数量金额式明细分类账、增值税专用明细分类账、固定资产明细分类账及账夹、账首、目录、账钉等。

(5) 会计报表，包括资产负债表、利润表、报表封皮等。

(6) 纳税申报表。

五、会计基础技能训练的考评

为了使会计基础技能训练收到良好的教学效果，应着重对整个技能训练进行考核评估。因此，将实训考评分为实训过程考评和实训结果考评两个方面。实训过程考评占40%，实训结果考评占60%。

（一）实训过程考评

⑴ 及时性10分。根据教学进度检查三次，前两次各3分，每延长一个阶段扣2分，超过一个阶段不得分；第三次4分，没完成进度不得分。

⑵ 规范性10分。填制凭证、登记账簿必须符合规范化要求，如不符合要求每处扣2分。

⑶ 实训态度10分。上课时必须认真听课，积极讨论，主动提出问题，按时完成实训，不能抄袭他人作业。

⑷ 实训纪律10分。遵守实训纪律，实训期间不得迟到早退、无故缺课。

（二）实训结果考评

评分标准参考如下：

⑴ 原始凭证的填制和审核占30%。

⑵ 经济业务的账务处理、记账凭证的填制和审核占30%。

⑶ 账簿登记、报表编制占20%。

⑷ 会计档案装订占10%。

⑸ 实验报告写作占10%。

六、会计基础技能训练的组织

本套技能训练可采用两种组织方式。

⑴ 单项训练。在《会计学基础》课程的教学过程中，结合会计核算方法的有关章节，进行课后训练，帮助学生理解和掌握相关的会计核算技能，提高和巩固课堂教学的效果。

⑵ 集中训练。在《会计学基础》课程结束后，进行集中训练，以培养学生全面掌握实际会计工作的基本技能。

七、实训主体情况简介

（一）企业总体概况

华城制衣有限公司是经工商行政管理部门批准注册成立的有限责任公司，注册资本100万元。它位于滨海市开发区秀水道18号，主要经营项目为加工编织各种毛衣。

（二）产品生产工艺流程

企业产品生产工艺流程步骤如下图所示：

① 由企业管理部门根据市场需要制定生产计划，领用原材料，然后进入编织工序；

② 将编织的毛衣转交给缝纫工序进行缝合；

③ 将毛衣送交整理工序烫熨定型、整理包装；

④ 产成品经检验合格后送交成品库等待销售。

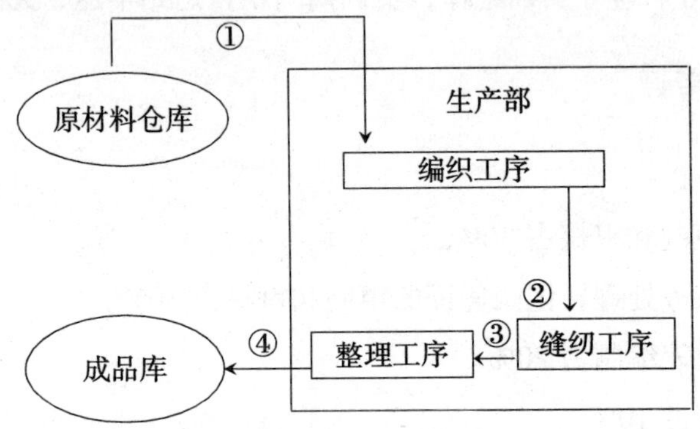

产品生产工艺流程图

（三）企业财务制度有关规定和说明

1. 流动资产部分（库存现金限额 2 000 元）

材料核算采用实际成本法，发出材料的实际成本于月终根据“领料单”编制“原材料消耗汇总表”一次结转。

库存商品收发核算按实际成本法计价，本月入库库存商品的实际成本于月终根据“产品成本汇总表”一次结转，本月发出产品的实际成本按全月一次加权平均法计算，本月发出产品的实际总成本于月终根据“产品销售成本计算表”一次结转。

2. 固定资产部分

固定资产折旧的核算采用平均年限法，折旧率 2.5%。

固定资产的修理费用直接计入制造费用和期间费用。

3. 成本核算部分

采用品种法进行一级成本核算。

各种费用的分配率精确到 0.0001，尾差由最后一项负担。

生产成本设三个成本项目，即直接材料、直接人工、制造费用。

月末在产品成本采用按所耗原材料及主要材料费用计算法，即月末在产品只负担原材料及主要材料费用，辅助材料、包装材料、直接人工和制造费用全部由完工产品成本负担的方法。计算方法如下：

$$原材料及主要材料费用分配率=\frac{原材料及主要材料费用总额}{完工产品数量+在产品数量}$$

月末在产品成本 = 在产品数量 × 原材料及主要材料费用分配率

完工产品成本 = 完工产品数量 × 原材料及主要材料费用分配率 + 其他费用

= 生产费用合计 − 在产品成本

4. 税（费）部分

增值税：企业为一般纳税人，企业增值税税率为 17%。

城市维护建设税：计税金额为本期实际缴纳增值税、实际缴纳营业税税额；税率为 7%。

教育费附加：计费金额为本期实际缴纳增值税税额；税率为 3%。

所得税：计税金额为本期应纳税所得额；税率为 20 %。

5. 提取盈余公积金比例

法定盈余公积 10%，任意盈余公积 5%。

应付投资者利润：按税后利润的 80%计算，分配依据为各方投资者的出资比例。

6. 其他情况

法人代表：方正

财务部人员：

财务主管：刘军

会　　计：丁兰

出　　纳：华宁

开户银行：中国工商银行滨海市开发区支行

账号：22446688

纳税登记号：120189234567

记账方法：借贷记账法

账务处理程序：科目汇总表账务处理程序

保管员：关键

第二章　基础书写实训

基础会计单项实训主要包括书写基本技能、编制和审核会计凭证、登记会计账簿和编制会计报表。在手工会计信息处理系统中，会计核算的过程和结果都要通过数字来表示，数字是会计核算的基础，在会计核算工作中有着十分重要的地位。编制和审核会计凭证、登记账簿和编制会计报表是会计核算的中间环节，在学习基础会计后，开设基础会计实训课，既能够验证理论课程的学习情况，也能够进一步巩固会计核算的基本理论和方法，为学好后续专业课打好基础。

一、实训目的

掌握阿拉伯数字、汉字大写数字和大小写金额的标准写法，做到字迹清晰、位置适当、字体标准、书写规范。

二、实训内容

(1) 阿拉伯数字的书写。

(2) 汉字大写数字的书写。

(3) 大小写金额的书写。

三、实训资料

(1) 用小写数字正确写出下列各数字，有人民币的应写上"￥"的符号（表2-1）。

表2-1　数字练习

①陆拾伍万柒仟肆佰贰拾叁	
②人民币捌佰零壹万元整	

续表

③玖仟万	
④人民币柒角壹分	
⑤肆拾贰亿贰仟零叁拾万零贰佰	

(2) 用汉字大写金额数字写出下列各数字（表 2-2）。

表 2-2　数字练习

①￥67 809.54	
②￥789 065.40	
③￥89 000 789.12	
④￥345 678 032.01	
⑤￥906 089 115.00	
⑥￥9 078.00	
⑦￥456 000 .20	
⑧￥120 000 000 .80	
⑨￥1 234 000 006.00	
⑩￥56 003. 40	

四、实训指导

(1) 大小写金额对照书写例示（表 2-3）。

表 2-3　大小写金额对照书写例示

小写金额	大写金额		
	正确写法	错误写法	错误原因
￥200.00	人民币贰佰元整	人民币：贰佰元整	“人民币”后面多了一个冒号
￥5 640.20	人民币伍仟陆佰肆拾元零贰角整	人民币伍仟陆佰肆拾零元贰角整	“零”字的用法不对
		人民币伍仟陆佰肆拾元零贰角零分	多写了“零分”
￥24 003.00	人民币贰万肆仟零叁元整	人民币贰万肆仟另叁元整	将“零”字错写成“另”
￥100 200.00	人民币壹拾万零贰佰元整	人民币拾万贰佰元整	漏写“壹”字和“零”字

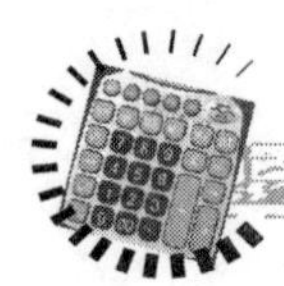

续表

小写金额	大写金额		
	正确写法	错误写法	错误原因
¥15.06	人民币壹拾伍元零陆分	人民币拾伍元陆分	漏写"壹"字和"零"字
¥50 078 000	人民币伍仟零柒万捌仟元整	人民币伍仟万零柒万捌仟元整	多写了一个"万"字
¥8 900 000.06	人民币捌佰玖拾万元零陆分	人民币捌佰玖拾万零陆分	漏写一个"元"字

(2) 原始凭证大小写金额例示（表 2-4）。

表 2-4 原始凭证大小写金额例示

滨海市商业零售专用发票

全国统一发票监制章 滨海市 地方税务局监制

发票联

发票号码 0009674556

购货人：华城制衣有限公司　　开票日期 2007 年 12 月 8 日

商品名称	规格	单位	数量	单价	金额								
					百	十	万	千	百	十	元	角	分
复印纸	A4	包	10	20					2	0	0	0	0
人民币（大写）	贰佰元整							¥	2	0	0	0	0

第二联 发票

滨海市文化用品商店 财务专用章

企业名称：（盖章）　　会计：　　开票：张珊

五、实训要求

（一）阿拉伯数字的书写要求

(1) 数字的写法是自上而下，先左后右，要一个一个地写，不得连写。

(2) 字体要做到：大小均衡，位置适当，字体标准，书写规范字迹工整、清晰。

(3) 字体要自右上方向左下方倾斜地写，斜度约以 45° 为准。

(4) 数字要紧靠在凭证和账表行格的底线书写，高度应占行格高度的 1/2 以下。不得

写满格，以便留有改错的空间。

(5) 除“7”和“9”要向左下方（过底线）长出 1/4，其他数字都要紧靠在凭证和账表行格的底线书写。“6”字的竖要上伸过顶线的 1/4 处。

(6) 有“0”的数字不要有缺口，如：6、8、9、0 等圆圈处必须封口。

阿拉伯数字参考字体参见下图。

阿拉伯数字参考字体

(二) 汉字大写数字的书写要求

(1) 汉字大写数字要用正楷字或行书字书写，不得连笔书写。

(2) 不允许使用未经国务院公布的简化字或谐音字。大写数字一律用“壹、贰、叁、肆、伍、陆、柒、捌、玖、拾、佰、仟、万、亿、圆（元）、角、分、零、整（正）”等。不能用“毛”代替“角”，用“另”代替“零”，用“园”代替“元”等。

(3) 字体要各自成形，大小均衡，排列整齐，字迹工整、清晰。

汉字大写数字参考字体参见表 2–5。

表 2–5 大写数字参考字体

壹	贰	叁	肆	伍	陆	柒	捌	玖	拾	佰	仟	万	元	角	分	零
壹	贰	叁	肆	伍	陆	柒	捌	玖	拾	佰	仟	万	元	角	分	零

(三) 大小写金额的书写要求

1. 小写金额的书写要求

(1) 小写金额在没有数位分割线的账表凭证上书写的有关规定。

①书写与数位相结合。阿拉伯数字书写时与数位结合在一起，每一个数字都要占据

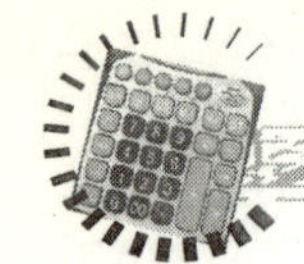

一个位置，每一个位置表示各种不同的单位，单位从左到右由高位到低位排列。书写时从左到右依次写出各位数字，不得连写。例如：壹佰贰拾叁应写为123。

如果某一个数位没有量，就写出一个“0”来表示；如果是整数，则比它小的数位均需用“0”表示出来。例如伍仟叁佰零贰应写成5302，贰万应写成20 000。

我国的位数排列如表2–6所示。

表2–6 位数排列表

数位	千万万位	百万万位	十万万位	万万位	千万位	百万位	十万位	万位	千位	百位	十位	个位	十分位
读法	千亿	百亿	十亿	亿	千万	百万	十万	万	千	百	十	个	分

②关于人民币符号“¥”的使用。在填制原始凭证时，小写金额前一般均冠以人民币符号“¥”，“¥”是“元”字汉语拼音（YUAN）的缩写，“¥”既代表了人民币的币制，又表示了人民币“元”的单位。因此，小写金额前面填写了“¥”以后，数字之后就不要再写“元”了。书写时在“¥”与数字之间，不能留有空位，以防止金额数字被人涂改。

在登记账簿、编制会计报表时，不能使用“¥”符号，因为在会计账簿和报表上不存在金额数字被涂改而造成损失的情况。另外，在账表上使用“¥”的符号，反而会增加出现错误的可能性。

③关于金额角、分的写法。在无金额分位格的凭证上，所有以元为单位的阿拉伯数字，除表示单价等情况外，一律写到角、分。无角、分的，角位和分位可以写“00”，或符号“—”，有角无分的，分位应写“0”，不能用“—”代替。例如：人民币捌拾玖元整，可以写成“¥89.00”，也可以写成“人民币¥89.—”；人民币捌拾玖元伍角整，应写成“¥89.50”，而不能写成“¥89.5—”。

(2) 小写金额在有数位分割线的账表凭证上书写的有关规定。

① 一般账表凭证的金额栏印有分位格，元位前每三位印一组线代表分节号，元位与角位之间的粗红线则代表小数点，记数时不要再另加分节号或小数点。

例如：¥2 800.06，即为人民币贰仟捌佰元零陆分。

②对应固定的位数栏填写，不得错位。

③从最高位起，以后各格必须写完，如肆仟伍佰元整，应写成：

亿	百	十	万	千	百	十	元	角	分
				4	5	0	0	0	0

不能写成：

亿	百	十	万	千	百	十	元	角	分
				4	5	0	0		

更不能写成：

亿	百	十	万	千	百	十	元	角	分
				4	5				

④数字写错需要更正时，不论写错的数字是一个还是几个，都应该用红笔划单横线，把写错的数字全部划销，并在红线处加盖经手人的人名章，然后在错误的数字上写出正确的数字。

2. 大写金额的书写要求

(1) “人民币”与数字之间不得留有空位。有固定格式的重要单证，大写金额栏一般都印有“人民币”，大写数字应紧挨在“人民币”后面书写，不得留有空位。没印好“人民币”字样的，应在大写数字前加填“人民币”三个字。

(2) “整”字的用法。汉字大写金额数字到“圆（元）”或“角”为止的，在“圆（元）”或“角”字之后，应写“整”字。汉字大写金额数字有“分”的，“分”字后面不应再写“整”字。

(3) 有关“零”的写法。阿拉伯金额数字有“0”时，汉字大写金额的书写要视“0”的位置而定。

①数字尾部是“0”的，不管是一个还是连续几个，汉字大写到非零数位后，只用一个“整”字结尾，不再需要用“零”来表示。如“¥6.80”，写成“人民币陆元捌角整”；又如“¥1 000”，应写成“人民币壹仟元整”。

②阿拉伯数字中间有“0”时，汉字大写应按照汉字语言规律、金额数字构成和防止涂改的要求进行书写。阿拉伯数字中间有“0”时，汉字大写金额要写“零”。如“¥306.36”应写成“人民币叁佰零陆元叁角陆分。阿拉伯数字中间连续有几个“0”时，汉字大写金额可以只写一个“零”。如“¥3 006.36”应写成“人民币叁仟零陆元叁角陆分”。

③壹拾几的“壹”字不得遗漏。拾字仅代表数位，不是数字。如“¥240 013.00”应

写成“人民币贰拾肆万零壹拾叁元整。

(4) 在印有大写金额万、仟、佰、拾、元、角、分位置的凭证上，金额前面如有空位，可划“△”注销；阿拉伯数字中间有几个“0”（含分位），汉字大写金额就在其相应的位置上写几个“零”字。如“￥100.80”，汉字大写金额应写成“人民币△万△仟壹佰零拾零元捌角零分”。

六、实训步骤

(1) 按照阿拉伯数字的标准书写方法在账页上进行书写练习，做到书写规范、清晰流畅，直到指导教师认可。

(2) 按照中文大写数字的标准书写方法进行书写练习，做到书写规范、清晰流畅，直到指导教师认可。

(3) 按照大小写金额的标准书写方法进行书写练习，做到书写规范、清晰流畅，直到指导教师认可。

第三章　会计基础技能单项实训

会计基础技能训练的单项实训是按照会计核算的基本程序进行的。会计核算的基本程序主要包括三个环节，即填制会计凭证、登记账簿和编制会计报表。填制会计凭证包括根据经济业务填制原始凭证、对原始凭证进行审核、根据原始凭证填制记账凭证；登记账簿包括登记日记账、登记明细分类账、登记总账及账簿的结账、对账和更正错账；编制会计报表主要包括填制资产负债表和利润表等会计报表，各个核算环节相互联系从而形成了会计核算体系。

实训一　原始凭证的填制

一、实训目的

原始凭证又称单据，用来证明经济业务已经发生、须明确各方经济责任、并据以记账的原始依据。原始凭证按其来源不同，可分为自制原始凭证和外来原始凭证；按用途不同，可分为通知凭证、执行凭证和计算凭证。自制原始凭证按其反映业务的方法不同，又可分为一次凭证、累计凭证和汇总凭证；按格式的不同，又分为统一凭证和专用凭证。原始凭证是在经济业务发生时，由有关部门的业务经办人员填制。

原始凭证填制实训目的是使学生在对会计凭证原有的认知基础上掌握原始凭证的填制方法，学会增值税专用发票、普通发票、收料单、领料单、收据、借款单、费用报销单、支票等原始凭证的填制技能，了解会计凭证的传递程序。

二、实训内容

原始凭证填制实训内容主要包括增值税专用发票、普通发票、收料单、领料单、收

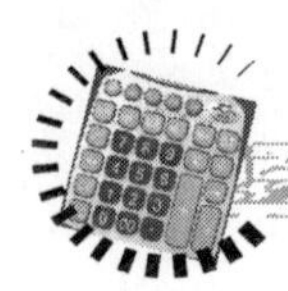

据、借款单、费用报销单、支票等原始凭证的填制（空白原始凭证见附录三）。

三、实训资料

资料 华城公司 2007 年 11 月份发生部分经济业务如下（本案例所涉及原始凭证按业务顺序编号）：

⑴ 11 月 1 日，向新华纺织有限公司购入混纺毛线一批 200 公斤，单价 200 元，货款 40 000 元，增值税率 17%，税款 6 800 元，开出转账支票一张支付货款及税款，材料已验收入库。新华纺织有限公司税务登记号：120142987654；地址：岳阳道 81 号，电话：23524567；开户银行：工行和平支行，账号：88664422。原始凭证见附录三中业务 1–1~ 业务 1–3。

⑵ 11 月 2 日，开出现金支票一张，金额 2 000 元备用。原始凭证见附录三中业务 2–1。

⑶ 11 月 3 日，收到大明公司转账支票一张，金额为 32 000 元，偿还前欠货款（大明公司开户银行：交通银行；账号：12345678）。原始凭证见附录三中业务 3 – 1、业务 3 – 2。

⑷ 11 月 4 日，业务部刘明去南京出差回单位后报销差旅费 890 元，其中乘车费 650 元住宿费 240 元，余款退回（原借款 1 000 元）。原始凭证见附录三中业务 4 – 1、业务 4 – 2。

⑸ 11 月 5 日，用现金支付行政管理部门办公用品费 1 360 元。领款人李刚。原始凭证见附录三中业务 5 – 1、业务 5 – 2。

⑹ 11 月 6 日，向大明公司销售混纺毛衣 150 件，单价 300 元，货款 45 000 元；纯毛毛衣 100 件，单价 380 元，货款 38 000 元。增值税率 17%，税款 14 110 元。收到转账支票一张，已送存银行存款户。华城制衣有限公司税务登记号：120189234567；地址：滨海市开发区秀水道 18 号，电话：23617878；开户银行工行：开发区支行，账号：22446688。大明公司税务登记证号：120160654312；地址：滨海市一号路 16 号；电话 321456。原始凭证见附录三中业务 6 – 1~ 业务 6 – 3。

⑺ 11 月 7 日，业务部高山暂借差旅费 1 000 元，用现金支付，领款人高山。原始凭证见附录三中业务 7 – 1、业务 7 – 2。

⑻ 11 月 8 日，开出金额为 2 000 元的现金支票一张，从银行提取现金备用。原始凭证附录三中业务 8 – 1。

⑼ 11 月 9 日，用银行存款支付车间机器设备的修理费 3 150 元，开出转账支票一

张。原始凭证见附录三中业务 9－1、业务 9－2。

(10) 11 月 10 日，从银行提取现金 56 800 元，备发工资。原始凭证见附录三中业务 10－1。

(11) 11 月 10 日，用现金支付工资 56 800 元。领款人方正。原始凭证见附录三中业务 11－1、业务 11－2。

(12) 11 月 10 日，出纳员将超出库存限额的多余现金 2 700 元存入银行（其中面额 100 元 19 张、50 元 12 张、10 元 15 张、5 元 10 张）。原始凭证见附录三中业务 12－1、业务 12－2。

四、实训指导

（一）原始凭证的基本内容

企业经济业务纷繁复杂，管理要求也不尽相同，原始凭证所记载的内容和书写格式也各不相同。原始凭证的基本内容一般包括：原始凭证的名称、受证单位的名称、填制凭证的日期、经济业务的具体内容特征、经济业务的数量与金额、凭证应具备的签字与盖章、凭证的编号和凭证的联次说明，以及在特殊情况下的原始凭证需要具备的附件。

（二）原始凭证的填制方法

1. 增值税专用发票的填制

增值税一般纳税人因销售货物或提供劳务，向付款人开具增值税专用发票的，只限于增值税一般纳税人开票使用，增值税小规模纳税人和非增值税纳税人不得开具使用纳税人。目前，国家实行金税工程后，国税局要求增值税发票通过税控系统，由企业会计人员用计算机打印发票，全部联次一次打印完成。禁止私自印制、伪造、变造发票。专用发票的基本联次统一规定为四联，其用途如下：第一联：存根联，由销货方留存备查；第二联：发票联，购货方作付款的记账凭证；第三联：抵扣联，购货方作扣税凭证；第四联：记账联，销货方作销售的记账凭证。

增值税专用发票只限于纳税人在本省、自治区、直辖市范围内使用。增值税专用发票填制方法如下：

(1) 用票单位取得经营收入时使用蓝色或黑色复写纸，发生冲减经营收入时使用红色复写纸，填写时必须一次性复写，不得将各联分别填写。

(2) 按顺序号码使用，填写时要字迹清楚，不得省略，不得涂改、挖补。作废的发票要加盖（或注明）“作废”字样，并把原有的各联附在存根联上。已用发票的存很，必须按规定的期限交税务部门验收。

(3) 开票日期按公历用“阿拉伯数码”填写；单位名称填写全称，地址、电话不省略；纳税人识别号按全国统一的税务登记证件代码（十五位数）填写。开户银行及账号按购货单位开户行名称和支票注明账号填写，以现金购货的先询间开户银行及账号后再行填写。

(4) “货物或应税劳务名称”栏可填写货物名称或应税劳务种类等，不同货物或应税劳务名称应分别填列，一份发票最多填写三种货物或应税劳务名称。

(5) “规格型号”、“单位”、“数量”栏可填写货物的规格型号、单位和数量。

(6) “金额”栏应填写不含税的销售额，在票面上反映的是数量乘单价的积。“金额合计”栏应填写本份发票所填开的不含税销售额之和，计量单位、数量、单价的合计栏不填写。

(7) “税率”栏应填写依据税收法规所确定的税率，税率合计栏不填写，“税额栏”应填写金额乘税率所得的积，税额合计栏应填写本份发票税额合计数。

(8) “价税合计”栏应填写金额合计加税额合计之和，并用汉字大写数码和阿拉伯数码同时填写。

(9) “销货单位”和“名称”、“纳税人识别号”、“地址、电话”、“开户银行及账号”等可以事先填写，也可以按票面规格刻制出图章事先加盖，上述项目一经发生变化应立即变更。

(10) “收款人”栏由收款人（开票人）签字或盖章，姓名不得省略。销货单位栏应加盖在税务机关的发票发售部门预留印鉴的“发票专用章”，第一联、第四联不用加盖。

(11) 每本发票使用完毕，应将全本发票的金额合计数填写在发票封皮的右上角以备查核。

例 3–1 向新华纺织有限公司购入混纺毛线一批 200 公斤，单价 200 元，货款 40 000 元，增值税率 17%，税款 6 800 元，货款及税款用银行存款支付，材料尚未运到。增值税专用发票的填写方法如表 3–1 所示。

2. 普通发票的填制

增值税小规模纳税人结算销售货物和加工修理修配劳务时使用普通发票。普通发票的基本联次统一规定为三联，各联次必须按下列规定用途填写：第一联为存根，由销货方留存备查；第二联为发票联，购货方作付款的记账凭证；第三联为记账联，销货方作销售的记账凭证。

普通发票填制方法如下：

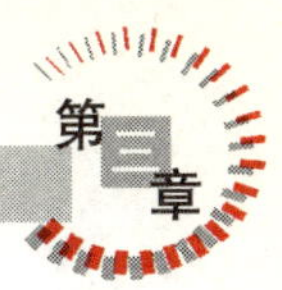

表 3-1 增值税专用发票

1200000424 5 滨海市增值税专用发票 No00001028

发票联

开票日期：2007 年 11 月 16 日

购货单位	名称：华城制衣有限公司 纳税人识别号：120189234567 地址、电话：滨海市开发区秀水路 18 号 开户行及账号：工商银行开发区支行 22446688					密码区	(3567/768*48) //4685- 146798/*8 > 35/*4689-35783 > 3942 > *275/6489** **436 > 4791/*245+/*
货物或应税劳务名称	规格型号	单位	数量	单价	金额	税率	税额
混纺毛线		公斤	200	200	40000	17%	6800
合 计					¥40000		¥6800
价税合计（大写）	肆万陆仟捌佰元整				（小写）¥46800.00		
销货单位	名称：新华纺织有限公司 纳税人识别号：120142987654 地址、电话：岳阳道 81 号 23524567 开户行及账号：工商银行和平支行 88664422					备注	新华纺织有限公司 税号：120142987654 （模拟） 发票专用章

收款人：向阳　复核：徐萌　开票人：肖英　销货单位（章）：

第二联：发票联购货方记账凭证

(1) 填制开票日期。

(2) 填制单位。单位名称应填写全称。

(3) 填制产品名称。“产品名称”栏可填写商品规格型号、单位、数量、等级。

(4) 填制金额。“金额” 栏填写含税的销售额。

(5) 发票填写完后，在第二联收款单位盖章处加盖企业在税务机关预留的图章。

例 3-2 华城制衣有限公司 2007 年 11 月 8 日管理部门发生办公用品费 150 元。普通发票填制方法如表 3-2 所示。

3. 收料单的填制及其传递流程图

收料单是记录外购材料验收入库的一种自制原始凭证。收料单一般一式三联，第一联为存根，由供应部门留存备查；第二联为会计记账联，交财会部门据以记账；第

表 3–2 普通发票

发票号码 00001032740

购货单位：华城制衣有限公司　　　　开票日期 2007 年 11 月 8 日

商品名称	规格	数量	单位	单价	金额							
					十	万	千	百	十	元	角	分
办公用品							¥	1	5	0	0	0
人民币（大写）	壹佰伍拾元整						¥	1	5	0	0	0

第二联 发票

企业名称：滨海市文化用品商店（盖章）：　　会计：张蓝　　开票：林珊

三联为仓库记账联，由仓库留下作为登记原材料明细账数量增加的依据。

（1）收料单填制方法。材料运到，材料保管员验收后，在收料单上填写收料的日期、材料的名称、计量单位、应收和实收数量等项目，会计人员填写材料的单价、金额和运杂费等项目。

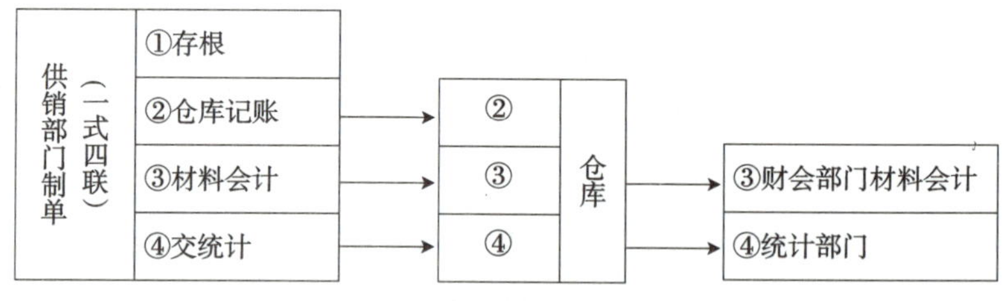

图 3–1 收料单传递流程图

（2）传递流程。图 3–1 为收料单传递流程图。供销部门有关人员根据购货单位的发票和提货通知等凭证填写材料入库单，通知仓库办理验收入库存；仓库验收入库将材料入库单的第三联、第四联分别传递给财会部门和统计部门；财会部门据以办理货款结算和账务处理有关事项。

实务工作中材料入库单为一式多联，用蓝色圆珠笔复写。

例 3–3 11 月 5 日，华城制衣有限公司 2007 年 11 月 1 日向新华纺织有限公司购入混纺毛线200 公斤已经运到，验收入库。其收料单的填制方法如表 3–3 所示。

表 3–3 华城制衣有限公司收料单

收 料 单

供货单位 新华纺织有限公司 凭证编号 11008

发票号码 00001299 2007 年 1 月 5 日 收料仓库 原料库

材料编号	材料名称	规 格	计量单位	数 量		价 格	
				应收	实收	单价	金额
	混纺毛线		公斤	200	200	200.00	40000.00
备 注			合计	200	200	200.00	40000.00

第二联 交会计

仓库负责人：（略） 记账：（略） 仓库保管：吴键 收料：程林

4. 领料单的填制及传递流程

领料单是记录企业、车间或部门从仓库中领用各种材料时必须履行的出库手续。领料单一般一式三联，第一联为存根，由用料部门带回，作为核算的依据；第二联为会计记账联，交财会部门据以记账；第三联为仓库记账联，由仓库留下作为登记原材料明细账数量减少的依据。

（1）领料单填制方法。领料经手人根据生产计划需要材料的情况填写领料单，其内容包括：领料仓库、领料的日期、材料的名称和编号、请领数量等并经该单位主管领导批准到仓库领料、仓库保管员填写实发数量等项目，会计人员填写材料的单价、金额等项目。

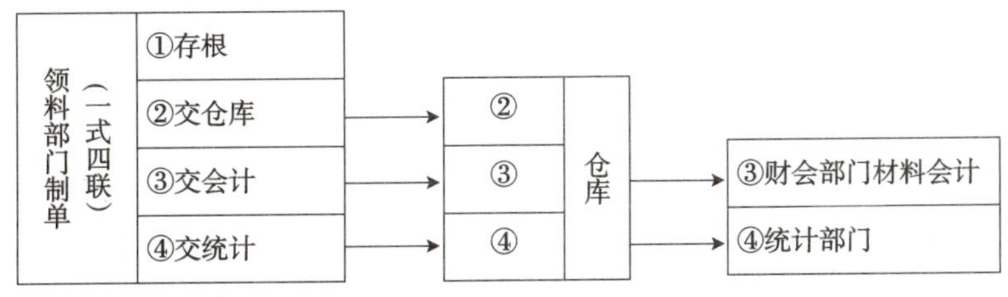

图 3–2 领料单传递流程图

（2）传递流程。图 3–2 为领料单传递流程图。领料部门按规定填写领料单（请领数量）送交仓库；仓库领料单审核后发料（实发数量），并将领料单的第三、第四联分别送交财会部门和统计部门；财会部门根据领料单进行价值核算。领料单有一单一料、一单多料和限额领料单多种格式。

实务工作中由于领单一般为一式多联，用蓝色圆珠笔复写。

例 3–4 2007 年 11 月 1 日生产部领用原材料 58 000 元用于生产。其中，领用混纺毛线数量 150 公斤，单价 200 元，金额 30 000 元，用于制造混纺毛衣。领用纯毛毛线数量 100 公斤，单价 280 元，金额 28 000 元，用于制造纯毛毛衣。其收料单填制方法如表 3–4 所示。

表 3–4 华城制衣有限公司领料单

领 料 单

领料部门：生 产 部　　　　凭证编号 2—12001

产品名称：纯毛毛衣　　　　2007 年 1 月 1 日　　　　存放仓库　材料库

材料编号	材料名称	规格	计量单位	数量		价格	
				应收	实发	单价	金额
	混纺毛线		公斤	100	100	280	28000
备注			合计	100	100	280	28000

第二联　交会计

记账：　　　　发料：关建　　　　审批：　　　　领料：程 林

5. 收据的填制及传递流程

企业因相关业务而向单位和个人收取款项时，需开具收据。

收据的基本联次一般为一式三联，第一联为存根联；第二联收据，交付款人作为付款的凭证；第三联为记账联，交财会部门据以记账。收据由企业的出纳人员负责填写，应按编号的顺序使用，全部联次用双面复写纸一次性套写完成。

（1）收据的填制方法。填制收据时，应填制收款日期，填制交款单位或交款人名称，填制交款原因，填制大、小写金额，加盖印章。由收款人、交款人签字或盖章。

例 3–5 华城制衣公司 2007 年 11 月 9 日，收到华美百货公司前欠货款 24 000 元，存入银行。收据 填制方法如表 3–5 所示。

（2）收据的传递。图 3–3 为收据传递流程。收款单位根据交款人交来的款项填写收

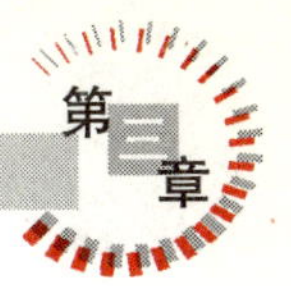

表 3-5 华城制衣有限公司收据

滨海市统一收款收据

2007 年 1 月 9 日　　No 000002311

付款单位	华美百货商厦	收款方式	转账支票
人民币（大写）	贰万肆仟元整		¥ 24000.00
收款事由	货款		

第二联 收据

收款单位：华城制衣公司（章）略　　审核：　　经手：　　出纳：丁兰

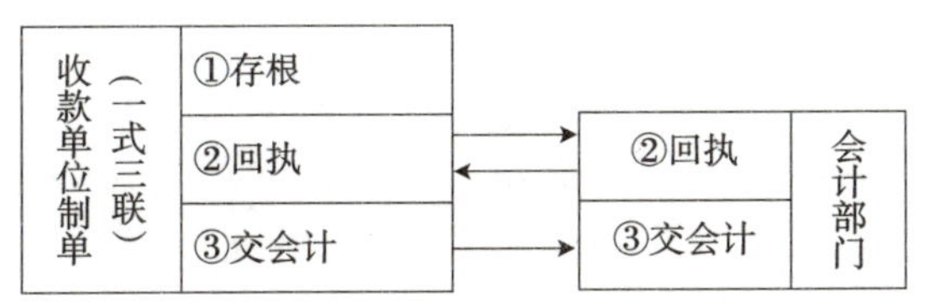

图 3-3 收据传递流程图

据，应写明交款单位、交款的原因和数额；当面清点交款数额后，将收据给交款人收存。

实务工作中收据一般是一式多联用蓝色圆珠笔复写。

6. 借款单的填制及传递流程

企业职工因出差或由于其他原因向企业借款，须填制借款单。借款单可作为职工的借据、企业与职工之间结算的依据及企业记账的依据。凡借用公款时必须填写“借款单”。

（1）借款单的填制方法。借款单中借款日期、借款单位、借款理由、借款金额由借款人填好后，在借款人处签字；再由本单位负责人审批，同意后签字；然后交财务主管核批并签字；最后交出纳员支取现金。

例 3-6 2007 年 11 月 12 日，华城制衣公司业务员高山暂借差旅费 1 000 元，用现金支付。借款单的填制方法如表 3-6 所示。

（2）借款单传递流程。图 3-4 为借款单传递流程。

①借款人经借款单位（或有关部门）领导人批准填制借款单，并送交财会部门办理借款手续。

②财会部门对借款单审核无误后准予借款，支付现金或开出现金支票由借款人去银行提取现金，将借款回执退回借款人。

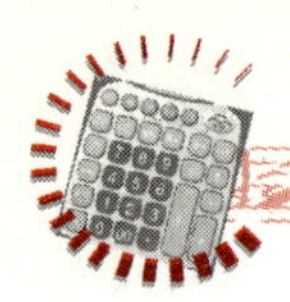

表 3–6　华城制衣有限公司借款单

华城制衣有限公司借款单

2007 年 11 月 12 日

部　门	借款人姓名	借款事由	款项用途
采购部	高山	采购	差旅费
金额（大写）	壹仟圆整		¥ 1000.00
备　注			

单位负责人：方正　　　　出纳：丁兰　　　　借款人：高山

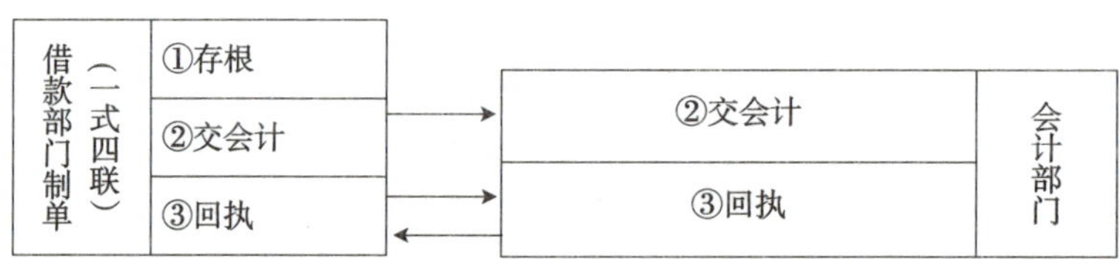

图 3–4　借款单传递流程图

③在实务工作中使用的借款单一般为一式多联，用蓝色圆珠笔复写，也有单联的借款单。

7. 差旅费报销单的填制及有关规定

差旅费报销单是单位职工将因公出差途中所支付的各种费用汇总后填制的报销凭证。可采用单联式和双联式。凡职工因公出差返回后必须填制差旅费报销单，然后交财会部门作为差旅费记账凭证，并据此作为退补现金的依据。本单后应粘贴车票、住宿费发票等外来原始凭证。

差旅费报销单的填制方法为：

(1) 差旅费报销单的填制。差旅费报销单中出差事由、起止时间及地点、出差人数、车船费、住宿费、出差补助、预支金额、报销金额、应退（应补）金额等由出差人归类填写，其中车船票、住宿费收据等凭证整理、归类填写并附在报销单后面。途中伙食补助费和住宿费按差旅费规定的标准计算、填写。填写完毕，交由财务部门负责人审核无误后，交企业负责人批准签字，最后交出纳员作为费用支出的凭证记账。

(2) 差旅费报销的有关规定。实际工作中，各单位差旅费报销的有关规定不一，本企业具体规定如下：本企业职工由于出差离开滨海市，途中伙食补贴标准为每人每天 30 元；职工出差乘车、车船的交通费用实报实销。

例 3–7 2007 年 2 月 4 日华城制衣有限公司销售部业务员刘明报销差旅费 1 860 元，余款退回（原是借款 2 000 元）。差旅费报销单的填制方法如表 3–7 所示（表 3–8~ 表 3–13 为原始凭证）。

表 3–7 差旅费报销单

差旅费报销单

部门：销售部　　　　2007 年 12 月 4 日

姓名：刘明		人数：1 人		出差事由：市场调查					
起止时间及地点						车船费	住宿费	住勤补助	合计
月	日	起点	月	日	终点				
11	26	滨海	11	27	上海	425	880	120	1425
12	2	上海	12	3	滨海	375		60	435
合　计						800	880	180	1860
合计人民币（大写）		壹仟捌佰陆拾元整				预支 2000 元　报销 1860 元　退回 140 元			

部门主管：刘军　　会计：丁兰　　出纳：华宁　　出差人：刘明

表 3–8 原始凭证

存根
（滨） A
№ 060019
年 月 日
优 童

拾元	玖元伍角	玖元	捌元伍角	捌元	柒元伍角	柒元	陆元伍角	陆元	伍元伍角	伍元	肆元玖角	肆元捌角	肆元柒角	肆元陆角	肆元伍角	肆元肆角	肆元叁角	肆元贰角	肆元壹角	旅客报销
十·〇〇	九·五〇	九·〇〇	八·五〇	八·〇〇	七·五〇	七·〇〇	六·五〇	六·〇〇	五·五〇	五·〇〇	四·九〇	四·八〇	四·七〇	四·六〇	四·五〇	四·四〇	四·三〇	四·二〇	四·一〇	车站报解

滨 海 市
公路汽车补充客票
次　号（当日有效）
（含保险费 · 附加费）
（滨） A
№ 060019
优
童

表 3–9 原始凭证

存根
（滨） A
№ 060018
年 月 日
优 童

拾元	玖元伍角	玖元	捌元伍角	捌元	柒元伍角	柒元	陆元伍角	陆元	伍元伍角	伍元	肆元玖角	肆元捌角	肆元柒角	肆元陆角	肆元伍角	肆元肆角	肆元叁角	肆元贰角	肆元壹角	旅客报销
十·〇〇	九·五〇	九·〇〇	八·五〇	八·〇〇	七·五〇	七·〇〇	六·五〇	六·〇〇	五·五〇	五·〇〇	四·九〇	四·八〇	四·七〇	四·六〇	四·五〇	四·四〇	四·三〇	四·二〇	四·一〇	车站报解

滨
公路汽车补充客票
次　号（当日有效）
（含保险费 · 附加费）
（滨） A
№ 060018
优
童

表 3–10　原始凭证

上海市服务业专用发票

发票联

$\frac{(07)}{22}$No4364160

付款单位：华城制衣有限公司　　2007 年 12 月 1 日　　支票号________

服务项目	单位	数量	单价	金额 百	十	万	千	百	十	元	角	分
住宿费	天	4	200					8	0	0	0	0
其他									8	0	0	0
小写金额合计							¥	8	8	0	0	0
大写金额　捌佰捌拾元整												

二、付款方收执

收款单位（印章）：　　开票人：王婷

表 3–11　原始凭证

B0021312　　滨 C 售

滨海——→上海　　79 次

2007 年 11 月 26 日 22：38 开 10 车 021 号下铺

全价 385.00 元　　新空调硬座特快卧

限乘当日当次车

在 3 日内到有效

表 3–12　原始凭证

73A009683　　沪 售

上海——→滨海　　80 次

2007 年 12 月 02 日 22：20 开 11 车 06 号下铺

全价 365.00 元　　新空调硬座特快卧

限乘当日当次车

在 3 日内到有效

表 3–13　原始凭证

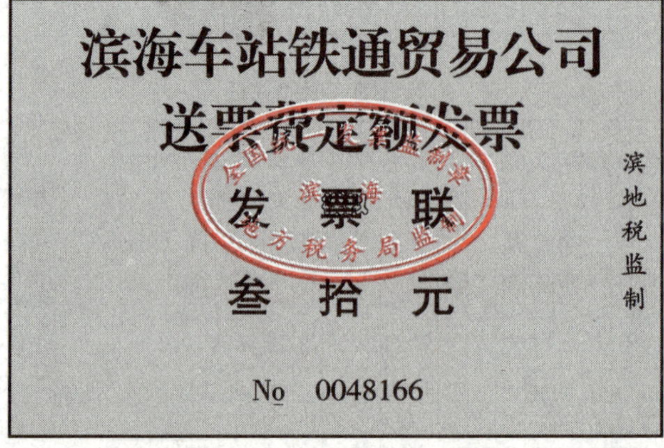

滨海车站铁通贸易公司

送票费定额发票

发票联

叁　拾　元

滨地税监制

No　0048166

8. 现金支票的填制及使用要求

现金支票是出票人签发的、委托办理支票存放业务的银行在见票时，无条件支付确定金额给收款人的票据。现金支票的填制方法和使用要求如下：

(1) 单位应在开户行的账户或核准经费户的余额内签发支票，每张支票金额不能低于规定的起点。

(2) 每个账户使用的支票，不得用于其他账户。预算单位签发的支票，不能跨年使用。

(3) 现金支票一律为记名式，用于提取现金。现金支票不得转让。

(4) 签发支票时，必须使用碳素墨水或墨汁，按支票簿排定的号码顺序填写。字迹不能潦草，不能使用红色或易褪色的墨水。除“付款银行名称”、“出票人账号”、复核”、“记账”四栏由银行填写，不必填写之外，其他各栏必须填写清楚。填写时应注意以下几个方面。

①“签发日期”应填写实际出票日期，不得补填或预填日期。填写日期必须使用汉字大写，并且在填写月、日时，若月为壹、贰或壹拾的，日为壹至玖和壹拾，贰拾和叁拾的，应在其前面加“零”，以防涂改。如 1 月 18 日应写为：零壹月壹拾捌日；1 月 20 日应写为：零壹月零贰拾日。对“收款人名称”栏必须填写清楚，如系本章位自行提取现金可填为“本单位”。对“用途”栏应如实填写。

②对大、小写金额必须填写齐全相符，如有错误不得更改，应另行签发，其他各栏填错，可在改正处加盖预留印鉴之一，予以证明。另外，在小写金额前应加填货币符号，如人民币用“¥”，美元用“$”等。

(5) “出票人签章”栏，应填写清楚；签发单位签章处应按预留印鉴分别签章，即“企业财务专用章”和“法人代表章”或“企业财务主管人章”，缺漏签章或签章不符时银行不予受理。

(6) 作废的支票，不得扯去，应由签发单位自行注销，与存根折在一起注意保管。在结清销户时，连同未用空白支票一并缴还银行。

(7) 存根联下端的“收款人签收年、月、日”栏，由收到支票的人员填写或签章。

(8) 在实务工作中，现金支票为一联，将无误的支票按虚线撕开后持正本向银行提取现金，存根作企业记账的依据。

(9) 收款人凭现金支票正本支取现金，须在支票背面背书（盖收款人的公章或名章、本人身份证号码等），持票到签发人的开户银行支取现金，并按照银行的需要交验证件。背书也可按如下样式进行：

单位		
姓名		
	工作证 身份证 号码	

已签发的现金支票遗失，可以向银行申请挂失。挂失前已支付，银行不予受理。另外，在现金支票背面还可以写明需要支取各种面额现金的数量。

现金支票样式如表 3–14 所示。

表 3–14 现金支票样式

中国工商银行
现金支票存根
BD/02 081007627
附加信息

出票日期 年 月 日

收款人：
金 额：
用 途：

单位主管 会计

本支票付款期限十天

中国工商银行 现金支票（滨）BD/02 081007627

出票日期（大写） 年 月 日 付款行名称：

收款人： 出票人账号：930009812

人民币（大写）	亿	千	百	十	万	千	百	十	元	角	分

用途

上列款项请从

我账户内支付

出票人签章 复核 记账

9. 转账支票的填制及使用要求

转账支票是付款人签发，委托银行将款项（非现金）支付给收款人或持票人的一种票据。

（1）单位应在开户银行的账户余额内签发支票，每张支票金额，不能低于规定的起点，不能签发空头支票、空白支票和远期支票。

（2）每个账户使用的支票，不得移用于其他账户，预算单位签发的支票，不能跨年使用。

（3）转账支票一律为记名式，只能转账，不能提现金，亦不得流通转让。

（4）单位签发支票时，必须使用蓝黑或碳素墨水，按支票簿排定的页数顺序填写，字体不要潦草，也不要使用红色或易褪色的墨水。除“付款行名称”、“出票人账号”、“复核号”和“记账”四栏系由银行使用不必填写外，其他各栏必须填写清楚，并应注意下列两点。

①“签发日期”应填写实际出票日期，不得补填或预填日期，填写日期必须使用汉字大写，对“收款人”栏必须填写清楚；对“用途”栏，应填明用途。

②对大、小写金额必须填写齐全相符，如有错误不得更改，应另行签发；其他各栏填

错，可在改正处加盖预留印鉴之一，予以证明。另外，在小写金额前应加填金额符号“¥”。

(5) “出票人签章”栏应填写清楚；“签发单位签章”处应按预留印鉴分别签章，缺漏签章，或签章不符时，银行不予受理。

(6) 作废的支票不得扯去，应由签发单位自行注销，与存根折在一起注意保管，在结清销户时，连同未用空白支票一并缴还银行。

(7) 支票一律记名。中国人民银行总行批准的地区转账支票可以背书转让。

(8) 支票付款期为 5 天（背书转让地区的转账支票付款期为十天。从签发的次日算起，到期日遇节假日顺延）。

(9) 签发人必须在银行账户余额内按照规定向收款人签发支票。对签发空头支票或印章与预留印鉴不符的支票，银行除退票外并按票面金额处以 5%但不低于 50 元的罚款。对屡次签发的，银行根据情节给予警告、通报批评，直至停止其向收款人签发支票。

(10) 已签发的转账支票遗失，银行不受理挂失，可请求收款人协助防范。

(11) 在实务工作中转账支票为一联，将填制无误的支票按虚线撕开，正本交给采购员在本使用（交给收款人），支票存根连向供应单位开出的发票联作为记账的依据。

转账支票样式如表 3–15 所示。

表 3–15 转账支票样式

中国工商银行
转账支票存根
BB/02 051270076
附加信息

出票日期 年 月 日

收款人：
金　额：
用　途：

单位主管 会计

中国工商银行 **转账支票** （滨）BB/02 051270076

本支票付款期限十天

出票日期（大写） 年 月 日 付款行名称：

收款人： 出票人账号：930009812

人民币（大写）	亿	千	百	十	万	千	百	十	元	角	分

用途
上列款项请从
我账户内支付
出票人签章 复核 记账

10. 使账单的填制及使用说明

进账单是存款人向开户银行存入从外单位取得的转账支票等需委托银行收款时填制的单证，一般一式三联。填好后连同转账支票正本送银行受理或收款后在回单或收款通知联上盖“已处理”或“收讫”（转账收讫）章，退给单位。企业根据收账通知联，作已收款记账依据。

进账单各联的用途：

第一联：银行交给收款人的回单，受理回单；

第二联：收款人开户银行作为贷方凭证；

第三联：银行给收款人的收账通知，收账人据此联记账。

表 3–16 进账单样式

中国工商银行**进账单**（收款回单）

年 月 日

<table>
<tr><td rowspan="3">出票人</td><td>全称</td><td colspan="3"></td><td rowspan="3">收款人</td><td>全称</td><td colspan="12"></td></tr>
<tr><td>账号</td><td colspan="3"></td><td>账号</td><td colspan="12"></td></tr>
<tr><td>开户银行</td><td></td><td>行号</td><td></td><td>开户银行</td><td colspan="5"></td><td>行号</td><td colspan="6"></td></tr>
<tr><td colspan="9" rowspan="2">人民币
（大写）</td><td>千</td><td>百</td><td>十</td><td>万</td><td>千</td><td>百</td><td>十</td><td>元</td><td>角</td><td>分</td></tr>
<tr><td></td><td></td><td></td><td></td><td></td><td></td><td></td><td></td><td></td><td></td></tr>
<tr><td colspan="2">票据种类</td><td></td><td>票据张数</td><td></td><td colspan="14" rowspan="3">收款人开户行盖章</td></tr>
<tr><td colspan="2">票据数据</td><td colspan="3"></td></tr>
<tr><td colspan="5">复核　　记账</td></tr>
</table>

此联银行交给收款人的收账通知

五、实训要求

为了保证原始凭证准确无误，在填制原始凭证的时候，必须遵守以下要求：

(1) 加强审核。发生经济业务时，必须审核其是否符合国家的有关会计法规、会计制度的要求，经审核无误后，方可填制与经济业务相符的原始凭证。

(2) 反映真实。对审核无误的经济业务，在填制原始凭证时，应使凭证上所记内容同发生业务的实际情况保持一致，对经济业务所涉实物的质与量均检查验收，对经济业务所涉及的金额须计算核对，不得弄虚作假，保证经济业务的客观情况与原始凭证的记录保持一致。

(3) 内容完整。在反映经济业务的相应原始凭证上，按照凭证已有的项目或内容逐项填列，以全面反映经济业务的完整情况，不得随意增减应填列的内容。

(4) 书写清楚。填写原始凭证时要使用规定的碳素笔和墨水书写，书写用字和数码要规范，字迹清楚，图章印记清楚，防止因字迹、印迹辨认不清而造成差错。若凭证上出现书写错误，应按规定方法更正，如注销凭证错误并加盖经办单位图章或将错误凭证作废另行开具正确凭证等，不准采用诸如任意注销、挖补、刀刮、抹擦、粘贴、化学药水消字、使用涂改液掩盖等不规范的方法更改。

(5) 填制及时。发生经济业务后，应按照有关要求，在规定的时间内填制原始凭证，以及时反映经济业务的办理情况。不得无故提前或拖后填制凭证，防止凭证记录时间与经济业务发生时间的相互不一，影响核算质量。

(6) 统一格式。在不影响核算质量和速度的前提下，单位一般应采用标准格式的统一原始凭证，以提高会计工作效率，节省费用开支标准，便于分析对比，并为由手工操作向电算化的过渡准备条件。

六、实训步骤

(1) 熟悉经济业务。在填制原始凭证之前，首先应熟悉各项经济业务，对经济业务方式的条件、原因、会计制度规定情况等有所了解。

(2) 填制原始凭证，在熟悉各项经济业务的基础上逐笔填制原始凭证。

(3) 检查原始凭证，对填制完毕的原始凭证按照有关规定进行互查。

实训二　原始凭证的审核

一、实训目的

原始凭证用来证明经济业务已经发生或完成，明确各方经济责任，并据以编制记账凭证的原始依据。原始凭证一般是在经济业务发生时直接取得或填制的，它是最初记录经济业务内容和完成情况的具有法律效力的书面证明，因此，原始凭证是进行会计核算的原始资料和重要依据，是最初记录经济业务内容和完成情况的具有法律效力的书面证明。为了更好地发挥会计的监督作用，正确地反映经济业务的发生和完成数额，保证会计资料真实、准确、完整，符合企业会计制度的规定，企业会计人员或经其指定的审核人员必须认真严格地审核会计凭证。

审核会计凭证是会计核算中的一个重要环节，通过对原始凭证审核的实训，使学生更好地掌握审核原始凭证的要求和方法。

二、实训内容

原始凭证审核的内容主要包括：合法性、合理性、真实性、完整性、正确性的审核。

三、实训资料

资料（一） 华城公司2007年11月发生的部分经济业务如下。

（1）11月5日，用现金支付行政管理部门办公用品费1 360元，收到发票一张（领款人：李刚）。根据上述经济业务填制原始凭证如下：

① 填制内部支付凭单。

华城制衣有限公司现金内部支付凭单

2007年11月5日 编号：081101

领款人：李刚	
付款用途：购买办公用品	
金　额：（大写）壹仟叁佰陆拾元整	¥1360.00

主管领导：方正　财务主管：刘军　出纳：华宁　领款人：

② 填制商业发票。

滨海市商业发票　发票号码 00001032740

发票联

购货单位：华城制衣有限公司　开票日期2007年12月5日

商品名称	规格	数量	单位	单价	金额 十	万	千	百	十	元	角	分
办公用品							1	3	6	0	0	0
人民币（大写）	壹仟叁佰陆拾元整						1	3	6	0	0	0

第二联 发票

企业名称：滨海市文化用品商店　会计：张茜　开票：林珊

（盖章）：滨海市文化用品商店 财务专用章

(2) 11月7日，采购员高山暂借差旅费1200元。根据上述经济业务填制原始凭证如下：

华城制衣有限公司借款单

2007年11月7日

部　门	借款人姓名	借款事由	款项用途
采购部	高山	采购	差旅费
借款金额 人民币（大写）	壹仟元整		¥1000.00
备注			

企业负责人：方正　　出纳：华宁　　借款人：高山

(3) 11月16日，向新华纺织有限购入混纺毛线一批200公斤，单价200元，货款40 000元，增值税率17%，税款6 800元，开出转账支票一张支付货款及税款，材料尚未运到。新华纺织有限公司税务登记号：120142987654；地址：岳阳道81号；电话：23524567；开户银行：工行和平支行，账号：88664422。根据上述经济业务填制原始凭证如下：

滨海市增值税专用发票

12000004245　　发票联　　No0000108

（印章：全国统一发票监制章 滨海市 国家税务局监制 模拟）

开票日期：2007年11月16日

购货单位	名　称：华城制衣有限公司 纳税人识别号：120189234567 地址、电话：滨海市开发区秀水路18号 开户行及账号：工商银行开发区支行22446688				密码区	<3567/768*48>//4685− 146798/*8>35/*4689−35783> 3942>*275/6489** **436>4791/*245+/*	
货物或应税劳务名称	规格型号	单位	数量	单价	金额	税率	税额
混纺毛线		公斤	200	200	40000	17%	6800
合　计					¥40000		¥6800
价税合计（大写）	肆万陆仟捌佰元					（小写）	¥46800.00
销货单位	名　称：新华纺织有限公司 纳税人识别号：120142987654 地址、电话：岳阳道81号23524567 开户行及账号：工商银行和平支行88664422				备注	（印章：新华纺织有限公司 税号：120142987654 模拟 发票专用章）	

第二联：发票联购货方记账凭证

收款人：向阳　　复核：徐萌　　开票人：芮英　　销货单位（章）：

(4) 11月18日，从新华纺织有限公司购入的纯毛毛线运到，并验收入库（数量560公斤，单价280元）。该业务填制如下凭证。

收 料 单

供货单位 新华纺织有限公司　　　　凭证编号 11008

发票号码 00001299　　　　2007年11月8日　　　　收料仓库 原料库

材料编号	材料名称	规格	计量单位	数量		价格	
				应收	实收	单价	金额
	纯毛毛线		千克	650	650	280	156800.00
备注			合计	650	650	280	156800.00

第二联 交会计

仓库负责人：　　记账：　　仓库保管：关键　　收料：程 林

(5) 11月1日，开出转帐支票一张，支付新华纺织有限公司货款46 800元。根据上述经济业务填制原始凭证如下：

中国工商银行
转账支票存根
BB/02 07051277
930009812
附加信息

出票日期2007年11月1日

收款人：新华纺织有限公司
金 额：48600元
用 途：货款
备 注：

单位主管：刘军 会计：华宁

本支票付款期限十天

中国工商银行 转账支票 (滨) BB/02 07051277

出票日期（大写）贰零零柒年壹拾壹月零壹日　付款行名称：

收款人：新华纺织有限公司　　出票人账号：

人民币（大写）肆万陆仟捌佰元整	亿	千	百	十	万	千	百	十	元	角	分
				¥	4	6	8	0	0	0	0

用途　货款

上列款项请从

我账户内支付

出票人签章（章）　　复核　　记账

（印章：…华城制衣有限公司 财务专用章；方正之印）

资料（二）　对实训一所编制的原始凭证进行审核，原始凭证见附录三。

(1) 11月1日，向新华纺织有限公司购入混纺毛线。审核原始凭证1－1～原始凭证1－3。

(2) 11月2日，开出现金支票一张，金额2000元备用。审核原始凭证2–1。

(3) 11月3日，收到大明公司转账支票一张，金额为32000元，偿还前欠货款。审核原始凭证3–1、原始凭证3–2。

(4) 11 月 4 日，业务部刘明报销差旅费 890 元，余款退回。审核原始凭证 4–1、原始凭证 4–2。

(5) 11 月 5 日，用现金支付行政管理部门办公用品费 1 360 元。审核原始凭证 5–1、原始凭证 5–2。

(6) 11 月 6 日，向大明公司销售混纺毛衣 150 件，单价 300 元，货款 45 000 元；纯毛毛衣 100 件，单价 380 元，货款 38 000 元。增值税率 17%，税款 14 110 元。收到转账支票一张，送存银行已送存银行存款户。审核原始凭证 6–1 ~ 原始凭证 6–3。

(7) 11 月 7 日，业务部高山暂借差旅费 1 000 元，用现金支付高山。审核原始凭证 7–1、原始凭证 7–2。

(8) 11 月 8 日，开出金额为 2 000 元的现金支票一张，从银行提取现金备用。审核原始凭证 8–1。

(9) 11 月 9 日，用银行存款支付车间机器设备的修理费 3150 元，开出转账支票一张。审核原始凭证 9–1、原始凭证 9–2。

(10) 11 月 10 日，从银行提取现金 56800 元，备发工资。审核原始凭证 10–1。

(11) 11 月 10 日，用现金支付工资 56800 元。审核原始凭证 11–1、原始凭证 11–2。

(12) 11 月 10 日，出纳员将超出库限额的多余现金 2 700 元，存入银行（其中面额 100 元 19 张、50 元 12 张、10 元 15 张、5 元 10 张）。审核原始凭证 12–1、原始凭证 12–2。

四、实训指导

由于各单位经济业务的内容和形式千差万别，生产经营管理的要求也各不相同，所以原始凭证的格式和内容也不尽相同。在审核原始凭证时应首先审核原始凭证的基本内容——原始凭证的名称、填制原始凭证的日期和凭证的编号、填制凭证单位的签章、接受原始凭证单位的名称、经济业务发生的数量、计量单位、单价和金额、填制凭证人员的签章、凭证的联次是否相符。除上述基本内容外，还要核对其他必要的内容，如原始凭证备注栏内的订购单的编号及订购项次等。

五、实训要求

为了正确反映经济业务的发生或完成情况，充分发挥会计的监督作用，保证原始凭证的合法性、合理性、完整性和正确性，会计负责人或经指定的审核人员必须认真、严

格地审核原始凭证。原始凭证的审核包括以下方面的内容。

(1) 合法性、合规性、真实性的审核。审核原始凭证所记录的经济业务是否符合国家有关方针、政策、法规、纪律；是否违反财务、会计制度；审批手续是否完备。审核后发现有违反财经纪律和制度的情况，会计人员有权拒绝报销、付款或执行；对于营私舞弊、弄虚作假、伪造涂改凭证等违法乱纪行为，应该扣留凭证，及时向企业领导汇报，以便进一步进行严肃处理；对于严重的违法乱纪行为，可报送公安机关，由司法部门介入处理。

(2) 审核原始凭证的完整性。审核原始凭证的基本内容是否填写齐全，有关经办人员是否都已签名或盖章，是否经过主管人员审批同意，手续是否完备，书写内容是否清晰可辨。对于内容应填而未填、不应填而填、填写不清楚等情况填列不全、手续不完备、书写不清楚的原始凭证应退回补办手续或更正后，才能据以办理有关业务并登记入账。

(3) 审核原始凭证的正确性。审核原始凭证的摘要和数字是否填写清楚、准确、数量、单价、金额及合计数的计算是否正确无误，是否存在多记、少记和漏记等计算方面的失误。大写与小写金额是否相符等。对于数字填写有差错的凭证，应退还出具原始凭证单位，由出具原始凭证单位重开，再编制凭证据以入账。

六、实训步骤

(1) 熟悉实训资料所列出的经济业务。

(2) 对资料（一）列示的原始凭证进行审核，指出存在的问题并进行更正。

(3) 对资料（二）列示的原始凭证由同桌之间进行相互审核，指出存在的问题并提出更正意见。

实训三　记账凭证的填制

一、实训目的

记账凭证是会计人员根据审核无误的原始凭证，按照经济业务的内容加以归类，并据以确定会计分录后所填制的会计凭证，是登记账簿的依据。通过填制记账凭证使学生进一步了解记账凭证的基本内容，熟悉记账凭证的填制要求，掌握现金收款凭证、现金

付款凭证、银行收款凭证、表示银行付款凭证、转账凭证的编制方法。

二、实训内容

根据经济业务填制现金收款凭证、现金付款凭证、银行收款凭证、银行付款凭证、转账凭证。

三、实训资料

根据实训一填制的原始凭证填制记账凭证（空白记账凭证见附录三）。

四、实训指导

（一）记账凭证的基本内容

记账凭证作为登记账簿的依据，应具备据以记账的完整的基本内容。根据《会计法》和《会计基础工作规范》规定，记账凭证应具备的基本内容包括：记账凭证的名称、填制凭证的日期、经济业务的内容摘要、经济业务所涉及的总账科目和明细科目的名称、记账方向和金额；记账凭证的类别和编号、过账的标记、所附原始凭证的张数，凭证应具备的签字与盖章。

按照经济业务所涉及的具体对象及各自运动方向的不同，记账凭证可采用现金收款凭证、现金付款凭证、银行收款凭证、银行付款凭证和转账凭证。

（二）记账凭证的填制要求

记账凭证是进行会计处理的直接依据，记账凭证的填制除了做到“真实可靠、内容完整、填写及时、书写清楚”外，必须注意遵守以下要求：

（1）依据正确。填制记账凭证时，要以经审核无误的原始凭证为依据。

（2）内容完整。填制记账凭证时，要按照凭证设计的格式，以有关原始凭证为依据，将应填写的项目逐项填写，其内容一般有填制日期、业务摘要、会计科目及明细科目、业务金额和合计、凭证字号、所附原始凭证的张数、有关人员的签字或盖章。

（3）书写清楚。填制记账凭证时，要认真书写凭证中的文字和数字，做到字迹清楚、文字规范、数码标准，不得潦草从事，避免因辨认困难影响记账和算账工作的

进行。

（4）填写及时。填制记账凭证时，对于货币资金的收、付款业务，应随时填制记账凭证以便及时登记和结记日记账的记录；对于其他经济业务，则可以根据需要，随时或定期填制记账凭证。填制汇总凭证时，可根据单位的规模、经济业务的数量、会计人员的分工以及核算的要求等因素，确定填制汇总凭证的期限。汇总凭证的期限一经确定，必须定期填制，不得随意提前或拖后填制，以免影响不同时期汇总资料间的对比分析。

（三）记账凭证的填制方法

填制记账凭证时应采用下列方法：

（1）在取得反映经济业务的原始凭证后，应选用与原始凭证相应的记账凭证，即应使所用记账凭证同经济业务的性质保持一致。如原始凭证为商品采购业务所用的支票存根、发票、运杂费收据及收料单时，就应选用付款凭证；如上笔经济业务只有发票、运杂费收据及收料单，而没有支票存根等付款凭证时，就应选用转账凭证。

（2）采用收、付、转三种形式的分录凭证时，要注意区分其类别，即采用不同的“字”以示区别，一般于凭证前注以“收”字（即收款凭证）、“付”字（即付款凭证）和“转”字（即转账凭证）以防止各种凭证使用时混淆。如果采用现收、现付、银收、银付和转账五种形式的分录凭证时，凭证前注以“现收”、“现付”“银收”、“银付”和“转”字以示区别。为便于登记现金和银行存款日记账，还可以使用数字横线式表示法，即横线前数字表示凭证种类，“1”表示现金收款凭证，“2”表示现金付款凭证，“3”表示银行收款凭证，“4”表示银行付款凭证，“5”表示转账凭证；横线后表示各类凭证的顺序号，如：“1–1”表示现金收款凭证的第一号，“4–3”表示银行付款凭证的第三号，“5–4”表示转账凭证的第四号。

（3）填制记账凭证时，应当对记账凭证连续编号。各种凭证均各自采用自“1”开始的连续编号，当会计期间终止时，应在最后一张凭证编号后注一个“全”字，以示当期的凭证使用结束。当一张凭证不能将一笔经济业务的内容全部记录在内，需要使用多张凭证时，凭证应采用同一编号的分数编号法。如转账凭证第 56 号为两张凭证时，第一张的编号是 5–56 1/2 号 ，第二张的编号是 5–56 2/2 号 。

（4）填写记账凭证的摘要时要注意既要简明扼要，又能说明经济业务的性质和特征。在摘要栏内描述经济业务情况时，应力求文字精练，表达规范，要防止“摘”而不“要”，难以分析经济业务的情况。

（5）当一张记账凭证的经济事项填制完成后，如有空行，应当自金额栏最后一笔金额数下的空行处至合计数上的空行处划线注销。

（6）分录凭证的内容登记过账后，应在分录凭证的记账栏内划上“√”符号，以示该项经济业务已经过账，避免发生重记或漏记的情况，影响账簿记录的平衡。

（7）除结账和更正错账的记账凭证可以不附原始凭证外，其他记账凭证必须附有原始凭证。作为记账凭证附件的原始凭证，应粘附在记账凭证的后面，与记账凭证一同保存，并在所附单据张数处填上相应的数字。如一张记账凭证所附的原始凭证与其他记账凭证应附的原始凭证有关时，可以把原始凭证附在一张主要的记账凭证后面，并在相关记账凭证的摘要栏内分别加以说明，以便相互核查。

（8）如果在填制记账凭证时发生错误，应当重新填制。对已经登记入账的错误凭证，可以先填写一张与原凭证内容相同的红字凭证予以冲销，并在摘要栏注明“更正某月某日某号凭证”字样，然后再用蓝字重新填写一张正确的记账凭证，注明“更正某月某日某号凭证”字样。如果会计科目没有错误，只是金额错误的，可以将正确数字与错误数字之间的差额，另编制一张记账凭证予以调整，调增金额时用蓝字，调减金额时用红字。

五、实训要求

记账凭证是进行会计处理的直接依据，记账凭证的填制除了做到“真实可靠、内容完整、填写及时、书写清楚”外，必须注意遵守以下要求：

（1）正确选择原始凭证。填制记账凭证时，要以经审核无误的原始凭证为依据。同时，要根据经济业务的性质和企业所采用的记账凭证的种类正确选择会计凭证的格式，如涉及资金增减变动经济业务的原始凭证，要编制有关库存现金和银行存款科目的收款凭证和付款凭证，根据涉及转账业务的原始凭证填制转账凭证。

（2）编制记账凭证要做到项目齐全，手续完备。

①内容完整。填制记账凭证时，要按照凭证设计的格式，以有关原始凭证为依据，将应填写的项目逐项填写，其内容一般有填制日期、业务摘要、会计科目及明细科目、业务金额和合计、凭证字号、所附原始凭证的张数、有关人员的签字或盖章。

②书写清楚。填制记账凭证时，要认真书写凭证中的文字和数字，做到字迹清楚、文字规范、数码标准，不得潦草从事，避免因辨认困难，影响记账和算账工作的进行。

③填写及时。填制记账凭证时，对于货币资金的收、付款业务，应随时填制记账凭证，以便及时登记和结记日记账的记录；对于其他经济业务，则可以根据需要，随时或定期填制记账凭证。填制汇总凭证时，可根据单位的规模、经济业务的数量、会计人员的分工以及核算的要求等因素，确定填制汇总凭证的期限。汇总凭证的期限一经确定，必须定期填制，不得随意提前或拖后填制，以免影响不同时期汇总资料间的对比分析。

六、实训步骤

(1) 根据上述实训资料及实训一所填制的原始凭证编制记账凭证。

(2) 根据实训要求，检查记账凭证是否符合规定的要求（可由同桌之间进行相互检查）。

实训四　记账凭证的审核

一、实训目的

审核记账凭证是保证账簿记录准确无误的重要环节。在记账前必须由企业指定的会计人员审核记账凭证，审核无误后，方可据以登记入账。记账凭证审核实训的目的是通过审核记账凭证的实训，使学生掌握记账凭证的审核方法。

二、实训内容

记账凭证审核的主要内容是：审核记账凭证是否附有原始凭证、审核记账凭证中编制的会计分录是否正确、审核记账凭证中其他项目的填列是否完整。

三、实训资料

资料（一）　华城制衣有限公司 2007 年 11 月发生的部分经济业务的原始凭证审核无误，会计人员根据原始凭证编制的记账凭证及所附的原始凭证如下：

(1) 11月3日，收到大明公司转账支票一张，金额为32 000元，偿还前欠货款。填制凭证如下：

①填制收款凭证。

收 款 凭 证

出纳编号 银收1

借方科目：银行存款　　2007年 11月 3 日　　制单编号 3

对方单位	摘 要	贷方科目		金额										记证符号
		总账帐户	明细科目	千	百	十	万	千	百	十	元	角	分	
	收回欠款	应收账款	大明公司				2	3	0	0	0	0	0	
合 计						¥	2	3	0	0	0	0	0	

附凭证贰张

会计主管：　记账：　审核：　出纳：　制单：丁兰

② 填制收款收据。

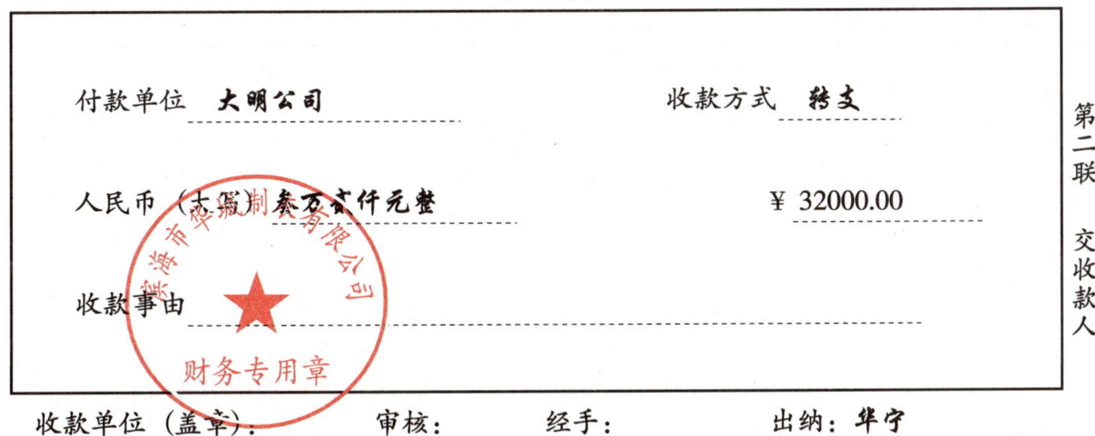

滨海市统一收款收据

No 00062311

2007年11月3日

付款单位 大明公司　　收款方式 转支

人民币（大写）叁万贰仟元整　　¥ 32000.00

收款事由

第二联 交收款人

收款单位（盖章）：　审核：　经手：　出纳：华宁

③填制进账单。

中国工商银行滨海市分行 进账单（收款通知）

科目　　　　　　2007 年 11 月 04 日　　　　对方科目

收款人	全　称	华城制衣有限公司	付款人	全　称	大明公司
	账　号	22446688		账　号	11223456
	开户银行	工行开发区支行		开户银行	工行河西分行

金额	人民币	亿	千	百	十	万	千	百	十	元	角	分
	叁万贰仟元整				¥	3	2	0	0	0	0	0

票据种类	转账支票	票据张数	1
票据号码			
复核　　记账			收款人开户行盖章

中国工商银行滨海市开发区支行 票据交换专用章

此联是银行交给收款人的收款通知

(2) 11 月 5 日，用现金支付行政管理部门办公用品费 1360 元。填制记账凭证如下：

①填制付款凭证。

付　款　凭　证

出纳编号 现付 1

贷方科目：库存现金　　　　2007 年 11 月 5 日　　　　制单编号 6

对方单位	摘要	借方科目		金额										记账符号
		总账账目	明细科目	千	百	十	万	千	百	十	元	角	分	
	购办公用品	管理费用	办公费					1	6	3	0	0	0	
合　计							¥	1	6	3	0	0	0	

附凭证贰张

会计主管：　　记账：　　稽核：　　出纳：　　制单：丁兰

②填制商业发票。

滨海市商业发票

发票联

发票号码 00001032740

购货单位：华城制衣有限公司　　开票日期 2007 年 11 月 5 日

商品名称	规格	数量	单位	单价	金额							
					十	万	千	百	十	元	角	分
办公用品							1	3	6	0	0	0
人民币（大写）	壹仟叁佰陆拾元整					¥	1	3	6	0	0	0

第二联 发票

企业名称：滨海市文化用品商店　　会计：张蓝　　开票：林珊

（印章：滨海市文化用品商店 财务专用章）

③填制现金内部支付凭单

华城制衣有限公司现金内部支付凭单

2007 年 11 月 5 日　　编号：081101

领款人：李刚	
付款用途：购买办公用品	
金　额：（大写）壹仟叁佰陆拾元整	¥1360.00

主管领导：方正　　财务主管：刘军　　出纳：华宁　　经办人：李刚

(3) 11 月 9 日，用银行存款支付车间机器设备的修理费 3 150 元，开出转账支票一张。填制记账凭证如下：

① 填制付款凭证。

付 款 凭 证

出纳编号 银付 4

贷方科目：银行存款　　2007 年 11 月 9 日　　制单编号 10

对方单位	摘要	借方科目		金额										记证符号
		总账账目	明细科目	千	百	十	万	千	百	十	元	角	分	
	支付修理费	管理费用	修理费					3	1	5	0	0	0	
合　计							¥	3	1	5	0	0	0	

附凭证　张

会计主管：　记账：　稽核：　出纳：　制单：

②填制转账支票。

中国工商银行
转账支票存根
BB/02 07051278
附加信息

出票日期 07 年 11 月 9 日

收款人：滨海机械修理厂
金　额：¥3150.00
用　途：机器设备修理费

单位主管：刘军会计：华宁

中国工商银行 转账支票（滨）BB/02 07051278

本支票付款期限十天

出票日期（大写）贰零零柒年壹拾壹月零玖日　付款行名称：
收款人：滨海机械修理厂　出票人账号：930009812

人民币（大写）叁仟壹佰伍拾元整	亿	千	百	十	万	千	百	十	元	角	分
					¥	3	1	5	0	0	0

用途　货款
上列款项请从
我账户内支付
出票人签章（章）　复核　记账

滨海市华城制衣有限公司 财务专用章
方正之印

47□9□4□□□□⊙□2□20□□□7□□5⊙□□□□4□□□□□□

③填制服务行业专用发票。

滨海市服务行业专用发票　发票号码 0001258

发票联

单位名称　华城制衣有限公司　　　　开票日期 2007 年 11 月 9 日

项　目	规　格	单　位	数　量	单　价	金　额
机器设备修理费					3150.00
人民币（大写）	叁仟壹佰伍拾元整			合　计	¥3150.00

第二联　发票

单位盖章：　　主管：　　复核：　　制单：曾强

资料（二）　对实训三编制的记账凭证进行审核。

(1) 审核 11 月 1 日银付字 1 号记账凭证。

(2) 审核 11 月 2 日，银付字 2 号凭证。

(3) 审核 11 月 3 日，银收字 1 号记账凭证。

(4) 审核 11 月 4 日，转字 1 号、现收字 1 号凭证。

(5) 审核 11 月 5 日，现付字 1 号凭证。

(6) 审核 11 月 6 日，银收字 2 号凭证。

(7) 审核 11 月 7 日，现付字 2 号凭证。

(8) 审核 11 月 8 日，银付字 3 号记账凭证。

(9) 审核 11 月 9 日，银付字 4 号记账凭证。

(10) 审核 11 月 10 日，银付字 5 号记账凭证。

(11) 审核 11 月 10 日，现付字 3 号凭证。

(12) 审核 11 月 10 日，现付字 4 号凭证。

四、实训指导

在实训中，对记账凭证的审核一般可采取自审、互审和专审等形式。

(1) 审核记账凭证是否与所附原始凭证一致，即记账凭证是否附有原始凭证；所附原始凭证的张数是否与记账凭证上所填列的原始凭证的张数相符；所附原始凭证的经济内容是否与记账凭证上记录的内容相符；记账凭证所记录的金额是否正确，是否与所附原始凭证的金额相等。

(2) 审核记账凭证上填写的会计科目、明细科目及应借应贷的对应关系是否正确。

(3) 审核记账凭证的编号是否填制正确，有关项目是否填制齐全，制单，复核，出纳等，有关人员的签字与盖章等项目是否填写齐全。

记账凭证经过审核，发现有错误的应及时查明原因，予以更正，更正人员应在更正处盖章以示负责。只有经过审核无误的记账凭证，才能作为记账的依据，登记入账。

五、实训要求

(1) 审核记账凭证的真实性。审核记账凭证所附的原始凭证是否手续齐全，记账凭证与所附原始凭证内容是否一致，记账凭证与所附原始凭证汇总表内容是否一致。

(2) 审核记账凭证的完整性。审核记账凭证的基本内容是否填写齐全，如凭证的日期、摘要、会计科目和明细科目的名称、；凭证的类别和编号、所符原始凭证的张数，有关人员的签字与盖章等项目是否填写齐全。

(3) 审核会计科目的正确性。审核记账凭证所使用的总账科目和明细科目是否正确，有无应填而未填、不应填而填、填写不清楚等情况。

(4) 审核金额计算的正确性。审核记账凭证是否存在经济业务的金额多记、少记和漏记等计算方面的失误。

(5) 审核书写是否清楚。审核记账凭证是否使用规定颜色的墨水书写，文字和数字是否正确。字迹是否清楚、文字是否规范、数码是否标准，有无污染、涂抹、刮擦、挖补等现象。

六、实训步骤

(1) 熟悉实训资料所列出的经济业务。对实训三编制的记账凭证在同桌之间进行互审。

(2) 对资料（一）列示的记账凭证进行审核，指出存在的问题并予以更正。

(3) 对资料（二）列示的记账凭证由同桌之间进行相互审核，指出存在的问题并提出更正意见。

实训五　账簿的登记

一、实训目的

通过本单元的学习，使学生进一步了解账簿的基本内容和种类；学会启用账簿和编排账页目录；掌握建立总账、明细分类账、日记账的方法；掌握登记账簿的规则和更正错账的方法；掌握三栏式、多栏式、数量金额栏式和各种专用账页的登记方法；掌握对账、结账的方法；学会装订活页账、更换新的账簿等方法。在本项实训中有现金日记账和银行存款日记账的建立和登账的实训，明细分类账和总分类账的开设和登记将在综合实训中进行。

二、实训内容

登记现金日记账、登记银行存款日记账。

三、实训资料

(1) 现金日记账 11 月份期初余额 680 元。

(2) 银行存款日记账 11 月份期初余额 19 826.16 元。

(3) 根据实训三所编制的记账凭证登记现金日记账和银行存款日记账。

相关日记账见附录三及实训五现金日记账、银行存款日记账账页。

四、实训指导

1. 账簿的种类

根据实习资料的主体情况应设置现金日记账、银行存款日记账、总分类账和有关明细分类账。

2. 账页的格式

现金日记账、银行存款日记账、总分类账均采用三栏式账页，明细分类账则根据经

济业务的需要分别采用三栏式、数量金额栏式、多栏式以及增值税等有关专用账页。

3. 账簿的登记

(1) 账簿的启用及交接记录。应认真填写账簿启用及交接记录中的有关内容，在实习中主要填写单位名称、账簿名称账簿编号、账簿启用日期等内容。

(2) 账簿登记的依据。现金日记账和银行存款日记账应以现金收款凭证、现金付款凭证、银行收款凭证和银行付款凭证为依据，按经济业务发生时间的先后顺序逐笔登记；明细分类账应以现金收款凭证、现金付款凭证、银行收款凭证、银行付款凭证和转账凭证为依据，按照经济业务发生时间的先后顺序逐笔登记；总分类账应以科目汇总表为依据按期（每十天）登记。科目汇总表的编制方法如下。

① 将需要汇总的记账凭证所涉及的会计科目按照总账科目的排列顺序填列在科目汇总表的“会计科目”栏内。

② 计算出各科目的借方发生额合计和贷方发生额合计，填列在科目汇总表内与各科目相应的“借方”和“贷方”栏内。借、贷方发生额合计的计算一般分为两次汇总填列，第一次先将全部记账凭证按借方科目归类汇总，填列科目汇总表中各科目的借方发生额栏，第二次再把全部记账凭证按贷方科目归类汇总，填列科目汇总表中各科目的贷方发生额栏。

③ 计算所有科目的借方发生额合计和贷方发生额合计，并进行试算平衡，检查无误后，即可作为登记总分类账的依据。

(3) 账簿登记的要求。

① 登记账簿时，要根据审核无误的会计凭证登记账簿。应将会计凭证的日期、编号、摘要、金额和其他有关资料逐项登记入账，做到数字准确，摘要清楚。

② 账簿登记完毕后，应在记账凭证“过账”栏内注明“√”符号，表示已经记账，避免重账、漏账。

③ 账簿中书写的文字和数字上面要留出适当空距，不要写满格，一般应占格宽的二分之一（或三分之一）。

④ 登记账簿要用蓝黑墨水书写，不得使用圆珠笔和铅笔书写，红色墨水只能在结账划线、红字冲账、冲销错误记录时使用。

⑤ 各种账簿必须按事先编写的页码逐页、逐行顺序连续登记，不得隔页、跳行，如不慎发生隔页、跳行，应将空行、空页处用红笔对角划线注销，注明“此行空白”或“此页空白”字样，对各种账簿的账页不得任意抽换和撕毁。

⑥ 凡需要结出余额的账户，结出余额后，应在“借或贷”栏内写明“借”或“贷”字样，没有余额的账户，应在“借或贷”栏内写“平”字，并在余额栏内用“$\bar{0}$”表示。

⑦ 每一账页登记完毕时，应结出本页发生额及余额，写在本页最后一行和下页第一

行有关栏内，并在本页摘要栏内注明“过次页”在下一页摘要栏内注明“承前页”字样。

⑧账簿记录发生错误时，不准涂改、挖补、刮擦，或用药水消除字迹。发生错误时，应按照下列方法进行更正：第一，登记账簿发生错误，应将错误的文字或数字划线注销，但必须使原有字迹仍可辨认，然后在划线上方写出正确的文字和数字，并在更正处盖章；第二，由于记账凭证错误而使账簿记录发生错误，应按更正的记账凭证登记账簿。

(4) 结账的要求。结账前，必须将本期内所发生的各项经济业务全部登记入账。结账时，应在各账户的最后一笔数字下，结出本月借方发生额、贷方发生额和期末余额，在摘要栏内注明“本月合计”字样，并在下面划一条单红线。需要结出本年累计发生额的账户应在摘要栏内注明“本年累计”字样，并在下面划一条双红线。年度结账时，应将全年发生额的合计数填制于12月份结账记录的下面，在摘要栏内注明“本年合计”字样，并在数字下端划双红线，表示封账。年度结账后，根据各账户的年末余额，过入新账簿，结转下年，并在摘要栏内注明“结转下年”字样，在下年新账第一行余额栏内填写上年结转的余额，并在摘要栏注明“上年结转”字样。

4. 账页的格式

(1) 账簿的启用和交接记录，格式见表3–17。

(2) 目录，格式见表3–18。

(3) 总分类账（三栏式），格式见表3–19。

(4) 现金日记账（三栏式），格式见表3–20。

(5) 银行存款日记账（三栏式），格式见表3–21。

(6) 三栏式明细账，格式见表3–22。

(7) 数量金额栏明细账，格式见表3–23。

(8) 多栏式明细账，格式见表3–24。

(9) 固定资产明细账，格式见表3–25。

(10) 增值税专用明细账，格式见表3–26。

(11) 科目汇总表，格式见表3–27。

(12) 总分类账本期发生额和期末余额试算平衡表1张，格式见表3–28。

五、实训要求

(1) 熟悉账簿登记的要求，掌握账簿登记的方法。

(2) 根据实训四的资料（一）中有关收款凭证和付款凭证逐日逐笔登记现金日记账和银行存款日记账。

表 3–17

账簿使用登记表

<table>
<tr><td colspan="2">单位名称</td><td colspan="6"></td><td rowspan="5" colspan="4"></td></tr>
<tr><td rowspan="4">本账簿</td><td>名称</td><td colspan="6"></td></tr>
<tr><td>册次</td><td colspan="6">第 册</td></tr>
<tr><td>页数</td><td colspan="6">第 号至第 号共计 页</td></tr>
<tr><td>使用起讫日期</td><td colspan="6">自至 公元 年 月 日 起止</td></tr>
<tr><td rowspan="2">单位负责人</td><td>姓名</td><td>盖章</td><td rowspan="2">主办会计</td><td>姓名</td><td>盖章</td><td rowspan="2">记账</td><td>姓名</td><td>盖章</td></tr>
<tr><td></td><td></td><td></td><td></td><td></td><td></td></tr>
</table>

<table>
<tr><td rowspan="6">接交记录</td><td colspan="2">经管人员</td><td colspan="4">接管</td><td colspan="4">交出</td></tr>
<tr><td>职别</td><td>姓名</td><td>年</td><td>月</td><td>日</td><td>盖章</td><td>年</td><td>月</td><td>日</td><td>盖章</td></tr>
<tr><td></td><td></td><td></td><td></td><td></td><td></td><td></td><td></td><td></td><td></td></tr>
<tr><td></td><td></td><td></td><td></td><td></td><td></td><td></td><td></td><td></td><td></td></tr>
<tr><td></td><td></td><td></td><td></td><td></td><td></td><td></td><td></td><td></td><td></td></tr>
<tr><td></td><td></td><td></td><td></td><td></td><td></td><td></td><td></td><td></td><td></td></tr>
<tr><td>备注</td><td colspan="10"></td></tr>
</table>

六、实训步骤

(1) 根据资料登记现金日记账和银行存款日记账的期初余额。

(2) 根据实训三所编制的收款凭证和付款凭证登记现金日记账和银行存款日记账。

表 3-18

目　　录

账号	户　名	页数	账号	户　名	页数	账号	户　名	页数

表 3-19

总分类账

账户 ____________ 账号(__________) 年度 __________ 页数 __________

年		凭证		摘要	借方										贷方										借或贷	余额									
月	日	字	号		千	百	十	万	千	百	十	元	角	分	千	百	十	万	千	百	十	元	角	分		千	百	十	万	千	百	十	元	角	分

表 3-20

现金日记账

年		凭证		摘要	对方科目	借方											贷方											余额									
月	日	字	号			千	百	十	万	千	百	十	元	角	分	√	千	百	十	万	千	百	十	元	角	分	√	千	百	十	万	千	百	十	元	角	分

表 3-21

银行存款日记账

年		凭证		结算方式	摘要	对方科目	借方										√	贷方										√	余额									
月	日	字	号				千	百	十	万	千	百	十	元	角	分		千	百	十	万	千	百	十	元	角	分		千	百	十	万	千	百	十	元	角	分

表 3–22

三栏式明细分类账

户名

年		凭证		摘要	借方										贷方										借或贷	余额									
月	日	字	号		千	百	十	万	千	百	十	元	角	分	千	百	十	万	千	百	十	元	角	分		千	百	十	万	千	百	十	元	角	分

本账页数	
本户页数	

表 3-23

数量金额栏明细分类账

货号________ 品名________ 计数单位________ 备注________

年		记账凭证		摘要	借方											贷方											结存										
					数量	单价	金额									数量	单价	金额									数量	单价	金额								
月	日	字	号				百	十	万	千	百	十	元	角	分			百	十	万	千	百	十	元	角	分			百	十	万	千	百	十	元	角	分

表 3-24

多栏式（费用）明细账

年		凭证号数	摘要	对应科目																																																						
月	日				亿	千	百	十	万	千	百	十	元	角	分	亿	千	百	十	万	千	百	十	元	角	分	亿	千	百	十	万	千	百	十	元	角	分	亿	千	百	十	万	千	百	十	元	角	分	亿	千	百	十	万	千	百	十	元	角	分

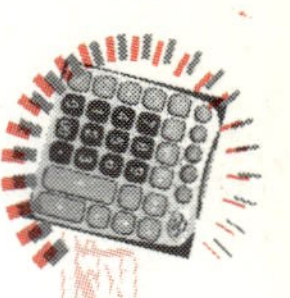

表 3-25

固定资产明细账

停止使用日期	恢复使用日期

编　号＿＿＿＿　使用年限＿＿＿＿　折旧率　年%＿＿＿＿　月%＿＿＿＿

名　称＿＿＿＿　开始使用日期＿＿＿＿　折旧额　年＿＿＿＿　月＿＿＿＿

规　格＿＿＿＿　预计残值＿＿＿＿

年		凭证		摘要	数量	原值																		折旧																		净值
月	日					借方									贷方									借方									贷方									
						百万	十	万	千	百	十	元	角	分	百万	十	万	千	百	十	元	角	分	百万	十	万	千	百	十	元	角	分	百万	十	万	千	百	十	元	角	分	

表 3-26

增值税专用明细

年		凭证		摘要	借																																	方																																
					合计											进项税额											已交税金											减免税款											出口抵减内销产品应纳税额											转出未交增值税										
月	日	种类	编号		亿	千	百	十	万	千	百	十	元	角	分	亿	千	百	十	万	千	百	十	元	角	分	亿	千	百	十	万	千	百	十	元	角	分	亿	千	百	十	万	千	百	十	元	角	分	亿	千	百	十	万	千	百	十	元	角	分	亿	千	百	十	万	千	百	十	元	角	分

贷方							借或贷	余额
合计	销项税额	出口退税	进项税额转出	转出多交增值税				
亿千百十万千百十元角分	亿千百十万千百十元角分	亿千百十万千百十元角分	亿千百十万千百十元角分	亿千百十万千百十元角分	亿千百十万千百十元角分	亿千百十万千百十元角分		亿千百十万千百十元角分

表 3-27

科目汇总表

年　　月　　日　　　　　　　　编号________

会计科目	本期发生额																		会计科目	本期发生额																	
	借方									贷方										借方									贷方								
	百	十	万	千	百	十	元	角	分	百	十	万	千	百	十	元	角	分		百	十	万	千	百	十	元	角	分	百	十	万	千	百	十	元	角	分

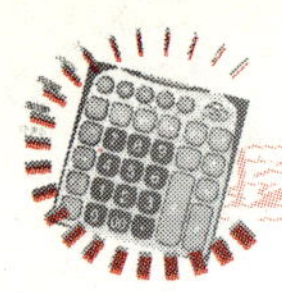

表 3-28

总分类账本期发生额和期末余额试算平衡表

年　　月　　日

会计科目	期初余额																		本期发生额																		期末余额																	
	借方									贷方									借方									贷方									借方									贷方								
	百	十	万	千	百	十	元	角	分	百	十	万	千	百	十	元	角	分	百	十	万	千	百	十	元	角	分	百	十	万	千	百	十	元	角	分	百	十	万	千	百	十	元	角	分	百	十	万	千	百	十	元	角	分

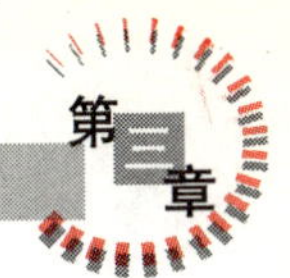

实训六　错账更正

一、实训目的

通过本单元的学习，使学生进一步了解错账发生的原因，掌握错账的更正方法。

二、实训内容

根据具体情况,采用划线更正法、红字更正法和补充登记法，对错账进行更正。

三、实训资料

资料（一） 华城制衣公司在11月10日对账时发现由于记账凭证错误导致错账如下。

(1) 11月3日，收到大明公司转账支票一张，金额为32 000元，偿还前欠货款。填制凭证如下：

① 填制收款凭证。

收 款 凭 证　　　出纳编号 银收1

借方科目：银行存款　　　2007年 11月3日　　　制单编号 3

对方单位	摘要	贷方科目		金额										记证符号
		总账账户	明细科目	千	百	十	万	千	百	十	元	角	分	
	收回欠款	应收账款	大明公司				2	3	0	0	0	0	0	√
合计						¥	2	3	0	0	0	0	0	√

附凭证贰张

会计主管：刘军　　记账：　　审核：　　出纳：华宁　　制单：丁兰

② 填制收据。

滨海市统一收款收据　　№ 00062311

2007 年 11 月 3 日

付款单位	大明公司	收款方式	转支
人民币（大写）	叁万贰仟元整	¥ 32000.00	
收款事由			

第三联交收款人

收款单位（盖章）　审核：　经手：　出纳：华宁

（印章：滨海市华城制衣有限公司 财务专用章）

③填制进账单。

中国工商银行　滨海分行进账单（回单或收账通知）

科目　　2007 年 11 月 04 日　　对方科目

<table>
<tr><td rowspan="3">收款人</td><td>全　称</td><td>华城制衣有限公司</td><td rowspan="3">付款人</td><td>全　称</td><td colspan="11">大明公司</td></tr>
<tr><td>账　号</td><td>22446688</td><td>账　号</td><td colspan="11">11223456</td></tr>
<tr><td>开户银行</td><td>工行开发区支行</td><td>开户银行</td><td colspan="11">工行河西分行</td></tr>
<tr><td rowspan="2">金额</td><td rowspan="2">人民币</td><td colspan="3" rowspan="2">叁万贰仟元整</td><td>亿</td><td>千</td><td>百</td><td>十</td><td>万</td><td>千</td><td>百</td><td>十</td><td>元</td><td>角</td><td>分</td></tr>
<tr><td></td><td></td><td></td><td>¥</td><td>3</td><td>2</td><td>0</td><td>0</td><td>0</td><td>0</td><td>0</td></tr>
<tr><td colspan="2">票据种类</td><td>转账支票</td><td>票据张数</td><td>1</td><td colspan="11" rowspan="3">收款人开户行盖章</td></tr>
<tr><td colspan="2">票据号码</td><td colspan="3"></td></tr>
<tr><td colspan="5">复核　　记账</td></tr>
</table>

此联是银行交给收款人的收账通知

（印章：中国工商银行滨海市开发区支行 票据交换专用章）

(2) 11 月 5 日，用现金支付行政管理部门办公用品费 1 360 元。填制凭证如下：

① 填制付款凭证。

付款凭证

出纳编号 现付 1
制单编号 6

贷方科目：库存现金　　　　2007 年 11 月 5 日

对方单位	摘要	借方科目		金额										记证符号
		总账账户	明细科目	千	百	十	万	千	百	十	元	角	分	
	购办公用品	管理费用	办公费				1	6	3	0	0	0	0	√
合计						¥	1	6	3	0	0	0	0	√

附凭证贰张

会计主管：刘军　　记账：　　稽核：　　出纳：华宁　　制单：丁兰

② 填制商业发票。

滨海市商业发票

发票联

发票号码 00001032740

购货单位：华城制衣有限公司　　　　开票日期 2007 年 11 月 5 日

商品名称	规格	数量	单位	单价	金额									
					千	百	十	万	千	百	十	元	角	分
办公用品								1	3	6	0	0	0	0
人民币(大写)	壹仟叁佰陆拾元整						¥	1	3	6	0	0	0	0

第二联 发票

企业名称：滨海市文化用品商店　　会计：张蕊　　开票：林珊

③填制现金内部支付凭单。

华城制衣有限公司现金内部支付凭单

2007年11月5日 编号：081101

领款人：李刚	
付款用途：购买办公用品	
金额：（大写）壹仟叁佰陆拾元整	¥1360.00

主管领导：方正 财务主管：刘军 出纳：华宁 经办人：李刚

（3）11月9日，用银行存款支付车间机器设备的修理费3150元，开出转账支票一张。填制记账凭证如下：

① 填制付款凭证。

付款凭证

出纳编号 银付4

贷方科目：银行存款 2007年11月9日 制单编号 10

对方单位	摘要	借方科目		金额										记证符号		
		总账账户	明细科目	千	百	十	万	千	百	十	元	角	分			
	支付修理费	管理费用	修理费				3	1	5	0	0	0	0	√		附凭证贰张
合计						¥	3	1	5	0	0	0	0		√	

会计主管：刘军 记账： 稽核： 出纳：华宁 制单：丁兰

② 填制转账支票。

中国工商银行（滨海）
转账支票存根

$\frac{BB}{02}$ 0806234

附加信息 ______________

____

____

出票日期 2007 年 11 月 9 日

收款人：滨海市机械修理厂
金　额：¥3150 元
用　途：设备修理费

单位主管：刘军　　会计：丁兰

③ 填制发票。

滨海市服务行业专用发票

发票号码 0001258

发 票 联

单位名称：华城制衣有限公司　　　　开票日期 2007 年 11 月 9 日

项　目	规　格	单　位	数　量	单　价	金额									
					千	百	十	万	千	百	十	元	角	分
机械设备修理费									3	1	5	0	0	0
人民币（大写）叁仟壹佰伍拾元整				合　计				¥	3	1	5	0	0	0

第二联 发票

单位盖章：　　主管：　　复核：　　制单：曾强

(4) 11 月 10 日用现金 54 600 元支付工资。记账时误记为银行存款减少 54 600 元。记账凭证没有错，账簿记录有错。

付款凭证

出纳编号 现付 4
制单编号 12

贷方科目：**库存现金**　　2007 年 11 月 10 日

摘要	借方科目		金额										记证符号	
	总账账户	明细科目	千	百	十	万	千	百	十	元	角	分		
支付工资	**应付职工薪酬**	**工资**				5	4	6	0	0	0	0	√	
合计					¥	5	4	6	0	0	0	0		√

附凭证壹张

会计主管：　记账：　审核：　出纳：　制单：

资料（二） 以实训五资料为对象，对实训五登记的现金日记账和银行存款日记账进行检查，如果发现错账，请按正确的方法进行更正。

四、实训指导

1. **核对账目**　会计核算要求账簿登记清晰、准确，但在实际工作中，由于各种原因，账目难免会出现错漏。因此，需要经常进行对账，即将会计账簿记录的有关数字与库存实物、货币资金、有价证券、往来单位或者个人等进行相互核对，应定期做好对账工作，做到账证相符、账账相符、账实相符。

2. **错误的更正**

(1) 登记账簿发生错误，应将错误的文字或数字划线注销，但必须使原有字迹仍可辨认，然后在划线上方写出正确的文字和数字，并在更正处盖章。

(2) 由于记账凭证错误而使账簿记录发生错误，应按更正的记账凭证登记账簿。

① 划线更正法。在结账前发现账簿记录有文字或数字错误，而记账凭证没有错误，可以采用划线更正法。更正时，可在错误的文字或数字上划一条红线，在红线的上方填写正确的文字或数字，并由记账及相关人员在更正处盖章，以明确责任。但应

注意：更正时不得只划销错误数字，应将全部数字划销，并保持原有数字清晰可辨，以便审查。

② 红字更正法。有两种情况：

·记账后发现记账凭证中的应借、应贷会计科目有错误，从而引起记账错误。更正的方法是：用红字填写一张与原记账凭证完全相同的记账凭证，然后用蓝字填写一张正确的记账凭证，并据以记账。

·记账后发现记账凭证和账簿记录中应借、应贷会计科目无误，只是所记金额大于应记金额。更正的方法是：按多记的金额用红字编制一张与原记账凭证应借、应贷科目完全相同的记账凭证，以冲销多记的金额，并据以记账。

③ 补充登记法。记账后发现记账凭证和账簿记录中应借、应贷会计科目无误，只是所记金额小于应记金额。更正的方法是：按少记的金额用蓝字编制一张与原记账凭证应借、应贷科目完全相同的记账凭证,以补充少记的金额，并据以记账。

五、实训要求

(1) 根据上列资料对账簿记录中发生的错误按规定进行检查。

(2) 根据资料（一）的资料对错账进行更正。

六、实训步骤

(1) 根据实训五的资料对账簿记录进行检查。

(2) 对发生的错账按照正确的方法进行更正。

(3) 对现金日记账和银行存款日记账进行记账。

实训七　财务会计报表的编制

一、实训目的

财务会计报表是综合反映企业某一特定日期的资产、负债和所有者权益状况，以及某一特定时期的经营成果和现金流动情况的书面文件。财务会计报表按其反映的经济内

容的不同可分为资产负债表、利润表、现金流量表和所有者权益变动表。通过本单元的学习，使学生进一步了解会计报表的内容和编制要求，掌握资产负债表的填制方法，掌握利润表的填制方法。

二、实训内容

编制资产负债表、编制利润表（空白资产负债表和利润表见附录三）。

三、实训资料

资料（一） 华城公司2007年11月30日资产、负债所有者权益的总分类账户期末余额试算平衡表列示如下：

期末余额试算平衡表

2007年11月30日　　单位：元

会计科目	期末余额	
	借方	贷方
现金	820.40	
银行存款	246 656.60	
应收票据	24 000.00	
应收账款	32 000.00	
其他应收款	1 500.00	
预付账款	3 800.00	
原材料	146 000.00	
库存商品	16 383.00	
固定资产	950 000.00	
累计折旧		19 200.00
短期借款		200 000.00
应付账款		23 400.00
应交税费		6 160.00
应付利息		1 200.00

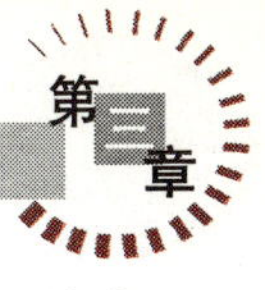

续表

会 计 科 目	期 末 余 额	
	借 方	贷 方
实收资本		1 000 000.00
盈余公积		20 020.00
利润分配		6 180.00
本年利润		145 000.00
合 计	1 421 160.00	1 421 160.00

资料（二） 华城公司2007年11月损益类科目本月发生额资料如下：

2007年11月有关损益类科目本月发生额如下：

科 目 名 称	借方发生额	贷方发生额
主营业务收入		219 000
主营业务成本	162 200	
营业税金及附加	1 819	
销售费用	4 500	
管理费用	14 681	
财务费用	600	
其他业务收入		12 000
其他业务支出	11 200	
所得税费用	9 000	

四、实训指导

（一） 资产负债表的编制

1. 资产负债表的内容

资产负债表的内容主要包括资产、负债和所有者权益三方面内容。

资产一般按照流动资产、非流动资产分类并进一步分项列示。流动资产项目通常包括：货币资金、交易性金融资产、应收票据、应收账款、预付账款、应收利息、应收股利、其他应收款、存货和一年内到期的非流动资产等。在交易性金融资产、应收账款、其他应收款、存货项目计提了跌价准备或坏账准备的情况下，资产负债表中以上四个项

目的金额应为抵减了各该减值或坏账准备后的净额。非流动资产项目通常包括：长期股权投资、固定资产、在建工程、工程物资、固定资产清理、无形资产、开发支出、长期待摊费用及其他非流动资产等。

负债一般分为流动负债和长期负债。流动负债项目包括：短期借款、应付票据、应付账款、预收账款、应付职工薪酬、应交税费、应付利息、应付股利、其他应付款、一年内到期的非流动负债等。非流动负债项目包括：长期借款、应付债券、其他非流动负债等。

所有者权益一般按照实收资本、资本公积、盈余公积和未分配利润分项列示。

2. 资产负债表的结构

我国企业的资产负债表采用账户式结构。账户式资产负债表分左右两方，左方为资产项目，按资产的流动性大小排列：流动性大的资产如“货币资金”、“交易性金融资产”等排在前面，流动性小的资产如“长期投资”、“固定资产”等则排在后面。右方为负债及所有者权益项目，一般按求偿权先后顺序排列：“短期借款”、“应付票据”等需要在一年以内或者长于一年的一个营业周期内偿还的流动负债排在前面，“长期借款”等在一年以上或者长于一年的一个营业周期以上才需偿还的长期负债排在中间，在企业清算之前不需要偿还的所有者权益项目排在后面。

3. 资产负债表的编制方法

资产负债表的各项目均需填列“期末数” 和“年初数”两栏。其中，“年初数”栏内各项数字，应根据上年末资产负债表的“期末数”栏内所列数字填入本表“年初数”栏内。“期末数”则可为月末、季末或年末的数字，其资料来源有以下几个方面：

(1) 根据总账科目余额直接填列。如“短期借款”、“应交税费” “应付职工薪酬”等项目。

(2) 有些项目则需根据几个总账科目的余额填列。如“货币资金”，需根据“库存现金”、“银行存款”两个总账科目余额合并填列；“存货”，应根据“在途物资”、“原材料”、“库存商品”、“生产成本”借方余额等总账账户余额合并填列。

(3) 根据明细账科目余额计算填列。如“应付账款”项目，需要分别根据“应付账款”和“预付账款”两账户所属明细账户的期末贷方余额计算填列；“应收账款”项目，需要根据“应收账款”和“预收账款”两账户所属明细账户的期末借方余额计算填列。

(4) 根据总账科目和明细账科目余额分析计算填列。如“长期借款”项目，根据“长期借款”总账科目余额扣除“长期借款”科目所属的明细科目中将在一年内到期、且企业不能自主地将清偿义务展期的长期借款后的金额计算填列。

(5) 根据有关科目余额减去其备抵科目余额后的净额填列。如资产负债表中的“应

收票据”、“应收账款”、“长期股权投资”、“在建工程”等项目，应当根据“应收票据”、“应收账款”、“长期股权投资”、“在建工程”等科目的期末余额减去“坏账准备”、“长期股权投资减值准备”、“在建工程减值准备”等科目余额后的净额填列；“固定资产”项目，应当根据“固定资产”科目的期末余额减去“累计折旧”、“固定资产减值准备”备抵科目余额后的净额填列；“无形资产”项目，应根据“无形资产”科目的期末余额，减去“累计摊销”、“无形资产减值准备”备抵科目余额后的净额填列。

（二）利润表的编制

1. 利润表的内容

主要包括营业利润、利润总额和净利润。

2. 利润表的结构采用多步式结构

第一步，以营业收入为基础，减去营业成本、营业税金及附加、销售费用、管理费用、财务费用、资产减值损失，加上公允价值变动收益（减去公允价值变动损失）和投资收益（减去投资损失），计算出营业利润。

第二步，以为营业利润为基础，加上营业外收入，减去营业外支出，计算出利润总额。

第三步，以利润总额为基础，减去所得税，计算出净利润（或亏损）。

3. 利润表的填制方法

利润表内各项目的数字应以有关账户本期发生额为依据填列。具体填列方法有以下几种：

(1) 根据有关账户的发生额分析填列，如主营业务收入、主营业务成本、营业税金及附加、管理费用、销售费用、财务费用、投资收益、营业外收入、营业外支出、所得税等。通常，收入类项目根据相同名称的有关账户的贷方发生额填列，费用类项目则根据相同名称的有关账户的借方发生额填列。

(2) 根据两个账户的发生额分析计算填列。如“营业收入”科目是根据“营业收入＝主营业务收入＋其他业务收入”计算得出；“营业成本”则根据“营业成本＝主营业务成本＋其他业务成本计算得来。

(3) 根据利润表内项目加减填列。如：

营业利润＝营业收入－营业成本－营业税金及附加－销售费用－管理费用－财务费用－资产减值损失＋公允价值变动收益（或－公允价值变动损失）＋投资收益（或－投资损失）

利润总额＝营业利润＋营业外收入－营业外支出

净利润＝利润总额－所得税费用

五、实训要求

为了使会计报表能够最大限度地满足各有关方面的需要，实现编制会计报表的基本目的，充分发挥会计报表的作用，企业编制的会计报表应当真实可靠、相关可比、全面完整、编报及时、便于理解。

六、 实训步骤

(1) 根据资料（一）中有关资产、负债和所有者权益类账户的期末余额填列资产负债表。

(2) 根据资料（二）中有关损益类账户的本期发生额填列利润表。

第四章　会计基础技能综合实训

会计基础综合实训是在单项实训的基础上，按照会计核算形式所进行的系统的、完整的实训。会计核算形式是指在会计循环中，会计主体账簿组织和记账程序之间的有机结合方式。具体的讲，就是指从原始凭证的审核、整理、汇总开始，到填制记账凭证和汇总、登记日记账、明细分类账和总分类账以及编制会计报表全过程的步骤和方法。会计核算形式一般有记账凭证核算形式、汇总记账凭证核算形式、科目汇总表核算形式和多栏式日记核算形式。本教材所选用的核算形式是科目汇总表核算形式。在进行综合实验时，可根据具体情况，选择其他核算形式。另外，在实际工作中，由财会人员填制的原始凭证很少，为了增加学生填制原始凭证的机会，案例所列示的会计主体的内部原始凭证均为空白凭证，由学生根据经济业务的发生情况进行填写。

一、实训目的

通过本章的学习，了解企业的总体概况、产品生产工艺流程，掌握企业内部财务制度要求，并根据实习资料建账。通过本单元的实习使学生掌握会计凭证的填制，为毕业后走向工作岗位打下良好的基础。

二、实训内容

建账（包括总分类账、明细分类账、日记账）。

根据经济业务填制和审核原始凭证。

根据原始凭证填制和审核记账凭证。

根据记账凭证登记日记账、明细分类账。

编制科目汇总表。

根据科目汇总表登记总分类账。

对账与结账。

编制试算平衡表。

编制会计报表。

三、实训资料

(1) 华城制衣有限公司2007年12月份总分类建账资料如表4–1所示。

表4–1 华城制衣有限公司总账账户表

序号	账户名称	序号	账户名称	序号	账户名称
1	库存现金	13	短期借款	25	主营业务收入
2	银行存款	14	应付账款	26	其他业务收入
3	应收票据	15	应付职工薪酬	27	营业外收入
4	应收账款	16	应交税费	28	主营业务成本
5	其他应收款	17	应付利息	29	其他业务成本
6	预付账款	18	应付利润	30	营业税金及附加
7	在途物资	19	实收资本	31	销售费用
8	原材料	20	盈余公积	32	管理费用
9	库存商品	21	利润分配	33	财务费用
10	在建工程	22	本年利润	34	营业外支出
11	固定资产	23	生产成本	35	所得税费用
12	累计折旧	24	制造费用	36	以前年度损益调整

(2) 华城制衣有限公司2007年12月份总分类账户期初余额如表4–2所示。

表4–2 2007年12月份总分类账户期初余额表

账户名称	借方余额	账户名称	贷方余额
现金	820.40	短期借款	200 000.00
银行存款	246 656.00	应付账款	23 400.00
应收票据	24 000.00	应交税费	6 160.00
应收账款	32 000.00	应付利息	1 200.00
其他应收款	1 500.00	实收资本	1 000 000.00
预付账款	3 800.00	盈余公积	20 020.00
原材料	146 000.00	未分配利润	6 180.00
库存商品	16 383.60	本年利润	145 000.00
固定资产	950 000.00	累计折旧	19 200.00
合计	1 421 160.00	合计	1 421 160.00

(3) 华城制衣有限公司 2007 年 12 月份有关明细分类账户期初余额如下。

① 现金日记账 820.40 元；

② 银行存款日记账 246 656.00 元；

③ 应收票据 24 000 元（其中，华美公司 24 000 元）；

④ 应收账款明细账余额（其中，大明公司 32 000 元）；

⑤ 其他应收款——刘明 1 500 元；

⑥ 预付账款明细账余额 3 800（其中，专设销售机构房屋租赁费 3 800 元）；

⑦ 原材料明细账户余额 146 000.00 元：

纯毛毛线 350 千克 单价 280 元 金额 98 000 元

混纺毛线 200 千克 单价 200 元 金额 40 000 元

纯棉纱线 100 千克 单价 80 元 金额 8 000 元

⑧ 库存商品明细账户余额 16 383.60 元：

纯毛毛衣 50 件 单价 220.08 元 金额 11 004.00 元

混纺毛衣 30 件 单价 179.32 元 金额 5 379.60 元

⑨ 固定资产及累计折旧明细账户余额如表 4–3。

表 4–3 固定资产及累计折旧明细账户余额表

固定资产类别		固定资产原值	累计折旧	净值
生产用	房屋及建筑物	250 000	5 000	245 000
	编织机	415 000	8 300	406 700
	小计	665 000	13 300	651 700
非生产用	房屋及建筑物	110 000	2 200	107 800
	办公设备	25 000	700	24 300
	汽车	100 000	2 000	98 000
	供暖设备	50 000	1 000	49 000
	小计	285 000	5 900	279 100
合计		950 000	19 200	930 800

⑩ 短期借款——中国银行滨海支行 200 000 元；

⑪ 应付账款——新华纺织有限公司 23 400 元；

⑫ 应交税费账户余额 6 160.00 元；

其中：应交增值税 5600 元；

应交城建税 392 元；

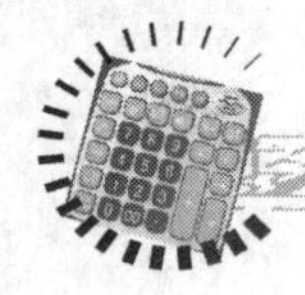

应交教育费附加 168 元；

⑬ 应付利息——银行贷款利息 1 200 元；

⑭ 实收资本明细账户余额 1 000 000 元；

其中：立新公司 500 000 元；

天丰公司 500 000 元；

⑮ 盈余公积 20 020.00 元；

⑯ 本年利润明细账户余额 145 000.00 元；

⑰ 未分配利润 6 180.00 元。

(4) 华城制衣有限公司 2007 年 12 月份发生经济业务如下。

① 12 月 1 日，开出转帐支票一张，偿还前欠新华纺织有限公司货款 23 400 元。

② 12 月 2 日，收到大明公司转账支票一张，金额为 32 000 元，偿还前欠货款（大明公司开户银行：交通银行；账号：12345678）。

③ 12 月 3 日，向新华纺织有限公司购入混纺毛线一批 200 千克，单价 200 元，货款 40 000 元，增值税率 17%，税款 6 800 元。开出转账支票一张支付货款及税款，材料尚未运到。

④ 12 月 4 日，开出金额为 1 000 元的现金支票一张，从银行提取现金备用。

⑤ 12 月 5 日，向新华纺织有限公司购入混纺毛线运到，验收入库。用现金支付市内运杂费 200 元，领款人及经办人李铭。

⑥ 12 月 6 日，采购员高山暂借差旅费 1 000 元，用现金支付。

⑦ 12 月 7 日，用银行存款支付上月份未交增值税 5 600 元，应缴城市维护建设税 392 元，应缴教育费附加 168 元。

⑧ 12 月 8 日，向新华纺织有限公司购入纯毛毛线 300 千克，单价 280 元，货款 84 000 元，增值税率 17%，税款 14 280 元。货款未付，纯毛毛线已运到，并验收入库。

⑨ 12 月 8 日，用现金支付行政管理部门办公用品费 160 元，领款人及经办人李刚。

⑩ 12 月 9 日，向大明公司销售混纺毛衣 150 件，单价 300 元，货款 45 000 元；纯毛毛衣 100 件，单价 380 元，货款 38 000 元，增值税率 17%，税款 14 110 元。货款及税款尚未收到（大明公司税务登记证号：120160654312；地址：滨海市一号路 16 号；电话：321456）。

⑪ 12 月 10 日，从银行提取现金 53 280 元，备发工资。

⑫ 12 月 10 日，以现金支付工资 53 280 元。

⑬ 12 月 11 日，收到银行的进账通知，由华美公司开出并承兑的应收票据到期，款项 24 000 元已经划入银行存款账户（华美公司开户银行：工商银行滨海支行，账号：

87564321)。

⑭ 12 月 12 日，销售部刘明报销差旅费 1 437.50 元，余款退回（原借款 1 500 元）。

⑮ 12 月 13 日，通过中国红十字会向希望工程捐款 10 000 元，用银行存款支付。

⑯ 12 月 14 日，用银行存款偿还欠前新华纺织有限公司货款 49 780 元。

⑰ 12 月 15 日，收到红光运输公司金额为 1 825.50 元的转账支票一张，系该公司支付的违约罚款（红光运输公司开户银行：招商银行；账号：10938221；行号：821）。

⑱ 12 月 16 日，向华美公司销售纯毛毛衣 200 件，单价 380 元，金额 76 000 元；混纺毛衣 200 件，单价 300 元，金额 60 000 元，增值税率 17%，税款 23 120 元。货款尚未收到（华美公司税务登记证号：120166765489；地址：滨海市建设路 8 号；电话：8321265）。

⑲ 12 月 17 日，开出金额为 1 000 元的现金支票一张，从银行提取现金备用。

⑳ 12 月 18 日，支付生产部机器设备修理费 400 元，用现金支付（领款人即经办人齐铭）。

㉑ 12 月 19 日，收到大明公司前欠货款 97 110 元，存入银行。

㉒ 12 月 20 日，购入需要安装的机器设备一台，单价 50 000 元，增值税率 17%，进项税额 8 500 元，运输费 500 元，银行存款支付信汇手续费 50 元。

㉓ 12 月 21 日，车间技术员齐铭外出开会报销差旅费 267.50 元，用现金支付。

㉔ 12 月 22 日，开出转账支票一张，支付博远广告公司广告宣传费 4 500 元。

㉕ 12 月 23 日，用银行存款支付滨海市机械修理厂上述机器设备安装修理费 1 000 元。

㉖ 12 月 24 日，设备安装完毕已交付生产车间使用。

㉗ 12 月 25 日，预付滨海市房地产开发公司下一年度 1~6 月份的房屋租赁费 22 800 元，用银行存款支付。

㉘ 12 月 26 日，向泰隆针织公司销售纯毛毛线 40 千克，单位售价 300 元，销项税率 17%，税额 2 040 元，款项收到存入银行（泰隆针织公司地址：南丰路 1 号；电话：27658311；纳税人识别号：12000644214；开户银行：工行南丰分行；账号：87654321）。

㉙ 12 月 27 日，收到华美公司开出的 10 万元的转账支票一张，偿还前欠货款。

㉚ 12 月 27 日，向大明公司销售混纺毛衣 100 件，单价 300 元，货款 30 000 元；纯毛毛衣 100 件，单价 380 元，货款 38 000 元，增值税率 17%，税款 11 560 元。货款及税款尚未收到。

㉛ 12 月 28 日，用银行存款支付自来水公司水费 360.40 元，其中生产车间应负担水费 280 元，行政管理部门应负担水费 60 元，增值税额 20.40 元。

㉜ 12 月 28 日，用银行存款支付电费 1 614.60 元，其中生产车间应负担电费 1 120 元，行政管理部门应负担电费 260 元，增值税额 234.60 元。

㉝ 12 月 29 日，开出金额为 1 000 元的现金支票一张，从银行提取现金备用。

㉞ 12 月 30 日，用银行存款支付电话费 1 860 元，其中生产车间应负担 320 元，行政管理部门应负担电费 1 540 元。

㉟ 12 月 31 日，用银行存款支付本季度贷款利息 1 800 元（已预提 1 200 元）。

㊱ 生产车间本月份共领用两批材料，具体如下：

12 月 1 日领用原材料 58 000 元用于生产，其中：领用混纺毛线数量 150 千克，单价 200 元，金额 30 000 元，用于制造混纺毛衣；领用纯毛毛线数量 100 千克，单价 280 元，金额 28 000 元，用于制造纯毛毛衣。

12 月 12 日，生产车间领用材料 96 000 元用于生产，其中：领用混纺毛线数量 180 千克，单价 200 元，金额 36 000 元，用于混纺毛衣制造；领用纯毛毛线数量 190 千克，单价 280 元，金额 53 200 元，用于制造纯毛毛衣；领用纯棉纱线 85 千克，单价 80 元，金额 6 800 元，用于纯毛毛衣和混纺毛衣两种产品的生产。

㊲ 12 月 31 日，摊销应由本月负担的房屋租赁费 3 800 元。

㊳ 12 月 31 日，按 2.5‰。的比例折旧，计提本月份固定资产折旧费 2 375 元，其中生产车间应计提折旧费 1 662.5 元，行政管理部门应计提折旧费 712.5 元。

㊴ 12 月 31 日，分配结转本月份工资 53 280 元，其中：生产混纺毛衣工人工资 16 900 元，生产纯毛毛衣工人工资 20 600 元，车间管理人员工资 4 150 元，厂部行政管理人员工资 11 630 元。

㊵ 12 月 31 日，结转本月份制造费用（按生产工人工资比例分配）。

㊶ 12 月 31 日，本月份共投产混纺毛衣 500 件、纯毛毛衣 500 件，两种产品全部完工，结转完工产品的生产成本。

㊷ 12 月 31 日，计算本月份应缴城市维护建设税，应缴教育费附加。

㊸ 12 月 31 日，计算并结转本月份未交增值税。

㊹ 12 月 31 日，结转已售产品、已售材料的销售成本（混纺毛衣 450 件，单位成本 179.32 元，纯毛毛衣 400 件，单位成本 220.08 元）。

㊺ 结转本月主营业务收入、其他业务收入和营业外收入至“本年利润”账户。

㊻ 12 月 31 日，结转主营业务成本、主营业务税金及附加、其他业务支出和营业费用、管理费用及财务费用至“本年利润”账户。

㊼ 12 月 31 日，计算本月份实现的利润总额，并按利润总额 20%的税率计算并结转应交所得税。

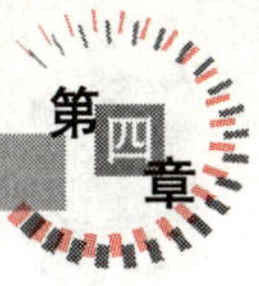

12月31日，结转本年度实现的净利润至“利润分配”账户。

12月31日，按照净利润10%的比例提取法定盈余公积，按照净利润5%的比例提取任意盈余公积。

12月31日，按照净利润80%的比例向投资者分配净利润。

四、实训用品参考数量

(1) 总账1本（三栏式）。

(2) 现金日记账1页（三栏式）。

(3) 银行存款日记账1页。

(4) 三栏式明细账30页。

(5) 数量金额栏明细账6页。

(6) 多栏式明细账4页。

(7) 固定资产明细账6页。

(8) 增值税明细账1页。

(9) 科目汇总表3张（如每月只登记一次总账也可以用1张）。

(10) 总分类账本期发生额和期末余额试算平衡表1张。

(11) 账簿启用及交接记录1张。

(12) 账簿目录1张。

(13) 账夹1副。

(14) 50页账钉1副。

(15) 现金收款凭证1张。

(16) 现金付款凭证6张。

(17) 银行存款收款凭证6张。

(18) 银行存款付款凭证17张。

(19) 转账凭证24张。

(20) 科目汇总表3张。

(21) 凭证封皮1张。

五、实训要求

(1) 操作前，要认真学习并熟练掌握原始凭证的填制要求和方法，认真学习并熟练掌握记账凭证的填制要求和方法，掌握科目汇总表核算形式的特点和汇总方法。

(2) 操作中，按规定（分别按旬或按月）进行填制原始凭证、记账凭证、登记日记账、明细分类账、编制科目汇总表、登记总分类账的工作。出现错账时，要按照正确的方法更正错账。月末编制资产负债表和利润表并装订好会计资料。

(3) 实训结束时，按规定提交实训报告。

六、实训步骤

(1) 根据规定的经济业务填制原始凭证。

(2) 根据原始凭证填制收款凭证、付款凭证和转账凭证。

(3) 根据收款凭证、付款凭证登记现金和银行存款日记账。

(4) 根据收款凭证、付款凭证和转账凭证并参考原始凭证和原始凭证汇总表登记明细分类账。

(5) 根据收款凭证、付款凭证和转账凭证定期编制科目汇总表。

(6) 根据科目汇总表登记总分类账。

(7) 编制总分类账期末余额试算平衡表，并与现金、银行存款日记账及所属的明细分类账的余额核对相符。

(8) 根据总分类账和各种明细分类账编制会计报表。

(9) 整理和装订会计资料。

七、实训思考

(1) 会计循环包括哪些主要内容？

(2) 科目汇总表核算形式的基本内容及其特点是什么？

(3) 试述科目汇总表核算形式的核算程序？

八、实训报告

实训结束后，编写实训报告。实训报告的主要内容包括：实训内容；实训中出现的些问题及解决的方法；实训体会和建议。

附录一　综合实训经济业务原始凭证

业务 1-1

中国工商银行
转账支票存根（滨）
BB/02 080621
附加信息

出票日期　年　月　日

收款人：
金　额：
用　途：

单位主管　会计

本支票付款期限十天

中国工商银行 转账支票（滨）BB/02 080621

出票日期（大写）　年　月　日　付款行名称：

收款人：　出票人账号：22446688

人民币（大写）	千	百	十	万	千	百	十	元	角	分

用途
上列款项请从
我账户内支付
出票人签章（章）　复核　记账

7⑆24⑆⑆⑆⑆⑆⑆⑆2⑆20⑆⑆75127⑆⑆⑆⑆⑆⑆⑆268⑆⑆⑆⑆⑆⑆⑆⑆

业务 1-2

滨海市统一收款收据　№ 083423

2007 年 12 月 1 日

付款单位 华城制衣有限公司	收款方式 转支
人民币（大写）贰万叁仟肆佰元整	¥ 23400.00
收款事由 货款	

第二联 交付款人

收款单位（盖章）　审核　经办　出纳 肖英

（印章：滨海市新华纺织有限公司 财务专用章）

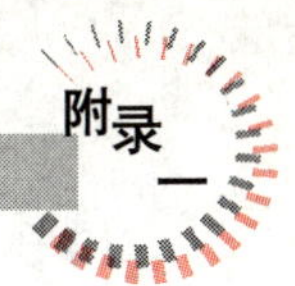

业务 2–1

中国工商银行 进账单（回单或收款回单）

科目　　　　年　　月　　日　　　　对方科目

<table>
<tr><td rowspan="3">收款人</td><td>全　称</td><td></td><td rowspan="3">付款人</td><td>全　称</td><td colspan="3"></td></tr>
<tr><td>账　号</td><td></td><td>账　号</td><td colspan="3"></td></tr>
<tr><td>开户银行</td><td></td><td>开户银行</td><td></td><td>行号</td><td></td></tr>
<tr><td>金额</td><td colspan="5">人民币
（大写）</td><td colspan="2">千 百 十 万 千 百 十 元 角 分</td></tr>
<tr><td colspan="2">票据种类</td><td>　票据张数</td><td colspan="5" rowspan="3">收款人开户行盖章</td></tr>
<tr><td colspan="2">票据号码</td><td></td></tr>
<tr><td colspan="3">复核　　记账</td></tr>
</table>

此联是银行交给收款人的收账通知

业务 2–2

滨海市统一收款收据 №006231

年　月　日

付款单位	收款方式
人民币（大写）	¥
收款事由	

第三联 交收款人

收款单位（盖章）　　审核　　经办　　出纳

业务 3–1

中国工商银行 (滨)
转账支票存根
BB/02 080622
附加信息

出票日期　年　月　日

收款人：
金　额：
用　途：

单位主管　　会计

中国工商银行 **转账支票** (滨) BB/02 080622

本支票付款期限十天

出票日期（大写）　年　月　日　付款行名称：
收款人：　出票人账号：22446688

人民币（大写）	千	百	十	万	千	百	十	元	角	分

用途
上列款项请从
我账户内支付
出票人签章（章）　复核　记账

8⑈24⑈⑆⑈⑆⑈⑆⑈2⑉20⑉⑈75127⑆⑈⑉⑈⑈268⑈⑈⑉⑈⑉⑈⑈

业务 3–2

1200004245　**滨海市增值税专用发票**　№ 00001281

发票联

开票日期 2007 年 12 月 3 日

购货单位	名　称：华城制衣有限公司 纳税人识别号：120189234567 地址、电话：滨海市秀水道 18 号 开户行及账号：工商银行开发区支行 22446688					密码区		
货物及应税劳务名称		规格	单位	数量	单价	金　额	税　率	税　额
混纺毛线		KS	千克	200	200	￥40 00000	17%	￥6 800.00
合　计						40 00000		￥6 800.00
价税合计（大写）		⊗肆万陆仟捌佰元整					（小写）	￥46 800.00
销货单位	名　称：新华纺织有限公司 纳税人识别号：120142987654 地址、电话：滨海市岳阳道 81 号，23524567 开户行及账号：工商银行和平支行，88664422					备注		

第二联：发票联　购货方记账凭证

收款人：　复核：　开票人：夏丽　销货单位（章）：

（印章：全国统一发票监制章 滨海市国家税务局监制 模拟）
（印章：新华纺织有限公司 税号：120142987654 模拟 发票专用章）

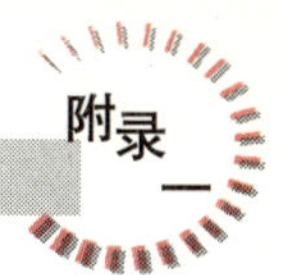

业务 4-1

中国工商银行
现金支票存根 (滨)
BB/02 ⅡⅥ051211
附加信息

出票日期 年 月 日

收款人：
金 额：
用 途：

单位主管 会计

本支票付款期限十天

中国工商银行 现金支票 (滨) BB/02 051211

出票日期（大写） 年 月 日 付款行名称：
收款人： 出票人账号：22446688

人民币（大写）	千	百	十	万	千	百	十	元	角	分

用途
上列款项请从
我账户内支付
出票人签章（章） 复核 记账

业务 5-1

滨海市运输行业统一发票 №03035523

委托书编号 0014587 开票日期 2007 年 12 月 5 日

付款单位	华城公司	发站		代垫费用		联运费用	
地 址		到站		项目	金额	项目	金额
收货单位		经由		杂运费	200	提送货数	
				中转杂运费		打包费	
结算编号		付款方式	现金	保险费		业务费	
银行账号				仓储费		邮寄费	
货物名称	件数	包装	重量	全程包装费		包干费	
原材料	5	箱	300	小计	200	小计	
合计人民币（大写）		贰佰元整			¥200.00		

企业名称：（盖章） 复核 开单员 王新军

（印章：滨海运输有限公司 财务专用章）

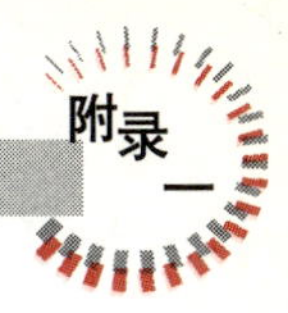

业务 5–2

华城制衣有限公司现金内部支付凭单

年　　月　　日　　　　编号：081201

领款人：	
付款用途：	
金额：（大写）	¥

主管领导：　　财务主管：　　出纳：　　经办人：

业务 5–3

收　料　单

供货单位　　　　凭证编号

发票号码　　年　月　日　　收料仓库

材料编号	材料名称	规格	计量单位	数量		价格	
				应收	实收	单价	金额
备注			合　计				

第二联　交会计

仓库负责人　　记账　　仓库保管　　收料

业务 6–1

华城制衣有限公司现金内部支付凭单

年　　月　　日　　　　编号：081202

领款人：	
付款用途：	
金额：（大写）	¥

主管领导：　　财务主管：　　出纳：　　经办人：

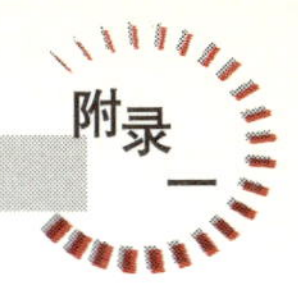

业务 6-2

华城制衣有限公司借款单

年　月　日

部　　门	借款人姓名	借款事由	款项用途
借款金额（大写）			
备注			

企业负责人：　　　　　　出纳：　　　　　　借款人：

业务 7-1

中华人民共和国
税收通用交款书

国

隶属关系：　　　　　　　　　　（2007）滨国缴电№05489

注册类型：　　　　填发日期　　　年　月　日　　　　征收机关：市局

<table>
<tr><td rowspan="4">交款单位</td><td>代　码</td><td colspan="3"></td><td rowspan="3">预算科目</td><td>编码</td><td colspan="2"></td></tr>
<tr><td>全　称</td><td colspan="3"></td><td>名称</td><td colspan="2"></td></tr>
<tr><td>开户银行</td><td colspan="3"></td><td>级次</td><td colspan="2"></td></tr>
<tr><td>账　号</td><td colspan="3"></td><td colspan="2">收款国库</td><td colspan="2"></td></tr>
<tr><td colspan="4">税款所属时间　　年　月　日</td><td colspan="5">税款限缴时间　　年　月　日</td></tr>
<tr><td colspan="2">品目名称</td><td>课税数量</td><td>计税金额或销售收入</td><td colspan="2">税率或单位税额</td><td>已交或扣除数</td><td colspan="2">实缴金额</td></tr>
<tr><td colspan="2"></td><td></td><td></td><td colspan="2"></td><td></td><td colspan="2"></td></tr>
<tr><td colspan="2">金额合计</td><td colspan="7">（大写）</td></tr>
<tr><td colspan="2">缴款单位（人）
（盖单）
经办人（章）</td><td>税务机关
（盖章）
填票人（章）</td><td colspan="4">上列款项已收妥并划转收款单位账户
国库（银行）盖章</td><td>备注</td><td></td></tr>
</table>

逾期不缴按税法规定加收滞纳金。

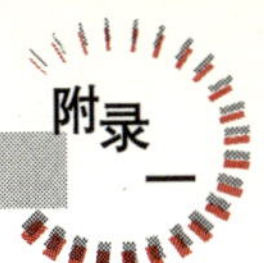

业务 7-2

中华人民共和国
税收通用交款书

地

（印章：全国统一发票监制章 滨海市地方税务局监制）

隶属关系： (2007) 滨国缴电№104068

注册类型： 填发日期 年 月 日 征收机关：滨海地税征收所

<table>
<tr><td rowspan="4">交款单位</td><td>代码</td><td></td><td rowspan="3">预算科目</td><td>编码</td><td></td></tr>
<tr><td>全称</td><td></td><td>名称</td><td></td></tr>
<tr><td>开户银行</td><td></td><td>级次</td><td></td></tr>
<tr><td>账号</td><td></td><td colspan="2">收款国库</td><td></td></tr>
<tr><td colspan="3">税款所属时间 年 月 日</td><td colspan="3">税款限缴时间 年 月 日</td></tr>
</table>

品目名称	课税数量	计税金额或销售收入	税率或单位税额	已交或扣除数	实缴金额
金额合计	（大写）				

缴款单位（人）（盖单）经办人（章）	税务机关（盖章）填票人（章）	上列款项已收妥并划转收款单位账户 国库（银行）盖章	备注	

逾期不缴按税法规定加收滞纳金。

业务 8-1

收 料 单

供货单位 凭证编号

发票号码 年 月 日 收料仓库

材料编号	材料名称	规格	计量单位	数量		价格	
				应收	实收	单价	金额
备注			合计				

第二联 交会计

仓库负责人 记账 仓库保管 收料

业务 8-2

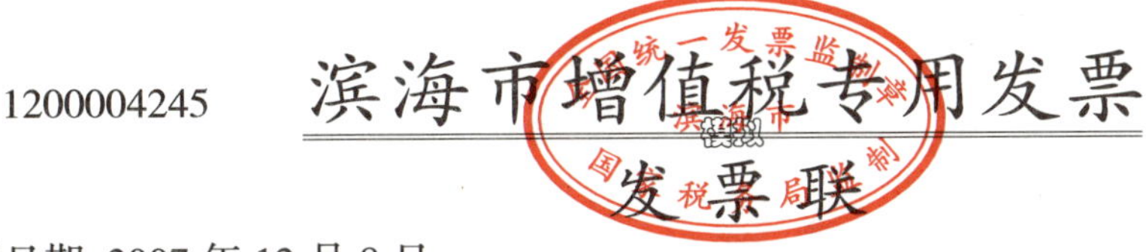

1200000245　　**滨海市增值税专用发票**　　№ 00001281

发票联

开票日期 2007 年 12 月 8 日

购货单位	名　　称：华城制衣有限公司 纳税人识别号：120189234567 地址、电话：滨海市秀水道 18 号 开户行及账号：工商银行开发区支行 22446688							密码区
货物及应税劳务名称	规格	单位	数量	单价	金额	税率	税额	
纯毛毛绒	KS	kg	200	200	¥84000.00	17%	¥1428.00	
合　计					40 00000		¥6 800.00	
价税合计（大写）	⊗玖万贰仟贰佰捌拾元整					（小写）¥92280.00		
销货单位	名　　称：新华纺织有限公司 纳税人识别号：120142987654 地址、电话：滨海市岳阳道 81 号，23524567 开户行及账号：工商银行和平支行，88664422						备注	新华纺织有限公司 税号：120142987654 模拟 发票专用章

收款人：　　复核：　　开票人：夏丽　　销货单位（章）：

第二联：发票联　购货方记账凭证

业务 9-1

华城制衣有限公司现金内部支付凭单

年　　月　　日　　　　编号：081203

领款人：
付款用途：
金额：（大写）　　　　¥

主管领导：　　财务主管：　　出纳：　　经办人：

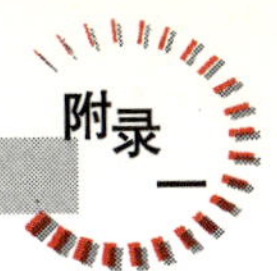

业务 9-2

滨海市商业零售专用发票

№000967455

发票联

（印章：滨海市地方税务局监制）

购货人：华城制衣有限公司　　2007 年 12 月 8 日

商品名称	规格	数量	单位	单价	金额							
					十	万	千	百	十	元	角	分
办公用品							¥	1	6	0	0	0
合　计							¥	1	6	0	0	0
人民币（大写）	壹佰陆拾元整											

第二联　发票

企业名称（盖章）：　　会计：　　开票：张珊

（印章：滨海市文化用品商场　财务专用章）

业务 10-1

产品出库单

发货票号　　编　号

购货单位　　年　月　日　　产品仓库

产品编号	产品名称	规格	计量单位	发出数量	产品等级		实发数量	单价	金额
备注									

第二联　交会计

记账　　检验　　仓库　　经手人

业务 10-2

1200004245

滨海市增值税专用发票

发票联

№ 000911

开票日期 2007 年 11 月 1 日

<table>
<tr><td>购货单位</td><td colspan="5">名　　称：
纳税人识别号：
地址、　电话：
开户行及账号：</td><td colspan="3">密　码　区</td></tr>
<tr><td colspan="2">货物及应税劳务名称</td><td>规格</td><td>单位</td><td>数量</td><td>单价</td><td>金　额</td><td>税率</td><td>税　额</td></tr>
<tr><td colspan="2"></td><td></td><td></td><td></td><td></td><td></td><td></td><td></td></tr>
<tr><td colspan="2">价税合计（大写）</td><td colspan="7">（小写）</td></tr>
<tr><td>销货单位</td><td colspan="5">名　　称：
纳税人识别号：
地址、电话：
开户行及账号：</td><td>备注</td><td colspan="2"></td></tr>
</table>

第四联：记账联　销货方记账凭证

收款人：　　　　复核：　　　　开票人：　　　　销货单位（章）：

业务 11-1

中国工商银行
转账支票存根 （滨）
BB/02 051212
附加信息

出票日期　　年　月　日

收款人：
金　额：
用　途：

单位主管　　　　会计

本支票付款期限十天

中国工商银行 现金支票 （滨） BB/02 051212

出票日期（大写）　　　年　月　日　　付款行名称：

收款人：　　　　　　　　　　　　出票人账号：22446688

人民币（大写）	千	百	十	万	千	百	十	元	角	分

用途

上列款项请从

我账户内支付

出票人签章（章）　　　　复核　　　　记账

9⑈⑈⑈⑈⑈⑈⑈⑆⑈2⑈20⑈⑈7⑈⑈5⑆⑈⑈⑈4⑈⑈⑈⑈

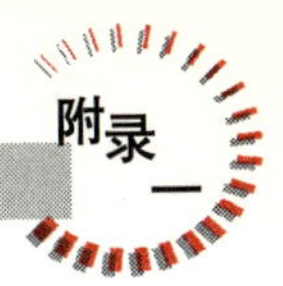

业务 12-1

工资计算表汇总表

单位名称： 2007 年 12 月 10 日 单位：元

部门 \ 项目		人数	基本工资	资金	应付工资	实发工资	签字
生产部	编织一组	20	20 600		20 600	20 600	
	编织二组	20	16 900		16 900	16 900	
	小计	40	37 500		37 500	37 500	
	制造费用	8	4 150		4 150	4 150	
	合计	48	41 650		41 650	41 650	
	管理人员	10	11 630		11 630	11 630	
总计		55	53 280		53 280	53 280	

业务 12-2

华城制衣有限公司现金内部支付凭单

年 月 日 编号：081203

领款人：
付款用途：
金额：（大写） ¥

主管领导： 财务主管： 出纳： 经办人：

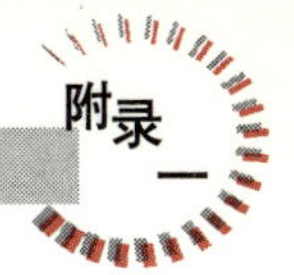

业务 13-1

商业承兑汇票 2 IX

年 月 日 F08521

<table>
<tr><td rowspan="3">收款人</td><td>全 称</td><td colspan="3"></td><td rowspan="3">付款人</td><td>全 称</td><td colspan="3"></td></tr>
<tr><td>账 号</td><td colspan="3"></td><td>账 号</td><td colspan="3"></td></tr>
<tr><td>开户银行</td><td></td><td>行</td><td></td><td>开户银行</td><td></td><td>行号</td><td></td></tr>
<tr><td colspan="2">汇票金额
人民币（大写）</td><td colspan="7"></td><td>千百十万千百十元角分</td></tr>
<tr><td colspan="2">汇票到期日</td><td colspan="3">年 月 日</td><td colspan="5">交易合同号</td></tr>
<tr><td colspan="5">本汇票送请你行承兑，并确认《银行结算办法》和承兑协议的各项规定。
此致
承兑银行
承兑申请人盖章
年 月 日
经办 负责</td><td colspan="5">科目（付）________
对方科目（收）________
转账

日期 年 月 日
复核 记账</td></tr>
</table>

此联是为收款方记账通知

业务 14-1

差 旅 费 报 销 单

部门：销售部 2007 年 12 月 12 日

<table>
<tr><td colspan="3">姓名 刘明</td><td colspan="3">人数 1人</td><td colspan="4">出差事由 市场调查</td></tr>
<tr><td colspan="6">起止时间及地点</td><td rowspan="2">车船费</td><td rowspan="2">住宿费</td><td rowspan="2">住勤补助</td><td rowspan="2">合计</td></tr>
<tr><td>月</td><td>日</td><td>起点</td><td>月</td><td>日</td><td>终点</td></tr>
<tr><td>11</td><td>26</td><td>滨海</td><td>11</td><td>27</td><td>上海</td><td>647.50</td><td>180.00</td><td>150.00</td><td>977.50</td></tr>
<tr><td>12</td><td>2</td><td>上海</td><td>12</td><td>3</td><td>滨海</td><td>460.00</td><td></td><td></td><td>460.00</td></tr>
<tr><td colspan="6">合 计</td><td>1107.50</td><td>180.00</td><td>150.00</td><td>1437.50</td></tr>
<tr><td colspan="2">合计人民币（大写）</td><td colspan="4">壹仟肆佰叁拾柒元伍角整</td><td colspan="4">预支 1500 元 退回 62.50 元</td></tr>
</table>

部门主管： 会计： 出纳： 出差人：刘 明

业务 15-1

中国工商银行
转账支票存根 (滨)
BB/02 080623
附加信息

出票日期 年 月 日

收款人:
金 额:
用 途:

单位主管 会计

本支票付款期限十天

中国工商银行 转账支票 (滨) BB/02 080623

出票日期（大写） 年 月 日 付款行名称：

收款人： 出票人账号：22446688

人民币（大写）	千	百	十	万	千	百	十	元	角	分

用途

上列款项请从

我账户内支付

出票人签章（章） 复核 记账

9 24 2 20 75127 268

业务 15-2

滨海市统一收款收据

№ 00031762

2007 年 12 月 13 日

付款单位 华城制衣有限公司 收款方式 支票

人民币（大写） 壹万元整 ¥10000.00

收款事由 捐款

收款单位（盖章略） 审核 经手 出纳 艾蕊

第二联 交付款人

业务 16-1

中国工商银行 (滨)
转账支票存根
$\frac{BB}{02}$ 080624
附加信息

出票日期 年 月 日

收款人：
金　额：
用　途：

单位主管　　会计

本支票付款期限十天

中国工商银行 转账支票 (滨) $\frac{BB}{02}$ 080624

出票日期（大写）　　年　月　日　　付款行名称：

收款人：　　出票人账号：22446688

人民币（大写）	千	百	十	万	千	百	十	元	角	分

用途

上列款项请从
我账户内支付
出票人签章（章）　　复核　　记账

98□4□□⊙□⊙□2▮20▮□75427⊙□▮□□▮□▮□268□□▮□□

业务 16-2

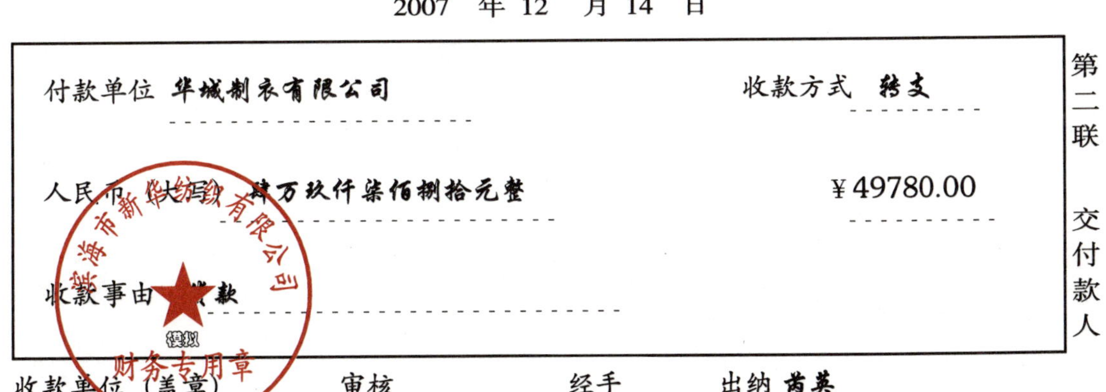

滨海市统一收款收据　№ 00062311

2007 年 12 月 14 日

付款单位 华城制衣有限公司　　收款方式 转支

人民币（大写）肆万玖仟柒佰捌拾元整　　¥49780.00

收款事由 货款

收款单位（盖章）　审核　经手　出纳 肖英

第二联 交付款人

滨海市新华纺织有限公司 财务专用章 模拟

业务 17–1

中国工商银行 进账单（收款通知）

年 月 日

出票人	全称		收款人	全称	
	账号			账号	
	开户银行			开户银行	
金额	人民币（大写）		千百十万千百十元角分		
票据种类		票据张数			
票据号码					
复核 记账			收款人开户银行盖章		

此联是银行交给收款人的收账通知

业务 17–2

滨海市统一收款收据 № 0006232

年 月 日

付款单位 ____________ 收款方式 ________

人民币（大写）____________ ¥ ________

收款事由 ____________

收款单位（盖章） 审核 经手 出纳

第二联 交付款人

业务 18–1

1200004245 **滨海市增值税专用发票** № 000912

发票联

开票日期 2007 年 11 月 1 日

<table>
<tr><td rowspan="4">购货单位</td><td colspan="5">名　　称：</td><td colspan="3" rowspan="4">密码区</td></tr>
<tr><td colspan="5">纳税人识别号：</td></tr>
<tr><td colspan="5">地址、　电话：</td></tr>
<tr><td colspan="5">开户行及账号：</td></tr>
<tr><td colspan="2">物及应税劳务名称</td><td>规格</td><td>单位</td><td>数量</td><td>单价</td><td>金　额</td><td>税 率</td><td>税　额</td></tr>
<tr><td colspan="2"></td><td></td><td></td><td></td><td></td><td></td><td></td><td></td></tr>
<tr><td colspan="2">价税合计（大写）</td><td colspan="7">（小写）</td></tr>
<tr><td rowspan="4">销货单位</td><td colspan="4">名　　称：</td><td colspan="2" rowspan="4">备注</td><td colspan="2" rowspan="4"></td></tr>
<tr><td colspan="4">纳税人识别号：</td></tr>
<tr><td colspan="4">地址、　电话：</td></tr>
<tr><td colspan="4">开户行及账号：</td></tr>
</table>

第四联：记账联 销货方记账凭证

收款人：　　　　复核：　　　　开票人：　　　　销货单位（章）：

业务 18–2

产 品 出 库 单

发货票号　　　　　　　　　　　　　　编　号 40002

购货单位　　　　年　月　日　　　　　产品仓库 成品库

<table>
<tr><td rowspan="2">产品编号</td><td rowspan="2">产品名称</td><td rowspan="2">规格</td><td rowspan="2">计量单位</td><td rowspan="2">发出数量</td><td colspan="2">产品等级</td><td rowspan="2">实发数量</td><td rowspan="2">单价</td><td rowspan="2">金额</td></tr>
<tr><td></td><td></td></tr>
<tr><td></td><td></td><td></td><td></td><td></td><td></td><td></td><td></td><td></td><td></td></tr>
<tr><td></td><td></td><td></td><td></td><td></td><td></td><td></td><td></td><td></td><td></td></tr>
<tr><td></td><td></td><td></td><td></td><td></td><td></td><td></td><td></td><td></td><td></td></tr>
<tr><td colspan="10">备注</td></tr>
</table>

第二联 交会计

记账　　　　　　检验　　　　　　仓库　　　　　　经手人

业务 19-1

中国工商银行 (滨)
转账支票存根
BB/02 051213
附加信息

出票日期　　年　月　日

收款人：
金　额：
用　途：

单位主管　　　会计

中国工商银行 转账支票 (滨) BB/02 051213

本支票付款期限十天

出票日期（大写）　　　年　月　日　付款行名称：

收款人：　　　　　　出票人账号：22446688

人民币（大写）	千	百	十	万	千	百	十	元	角	分

用途

上列款项请从

我账户内支付

出票人签章（章）　　　复核　　　记账

业务 20-1

滨海市服务行业专用发票　№0001258

发票联

单位名称：华城制衣有限公司　　　2007 年 12 月 20 日服字 2000（甲）

项　目	规　格	数　量	单　位	单　价	十	万	千	百	十	元	角	分
修理费								4	0	0	0	0
合计							¥	4	0	0	0	0
人民币（大写）	肆佰元整											

第二联 发票

单位盖章　　　主管　　　复核　　　制单 梁建国

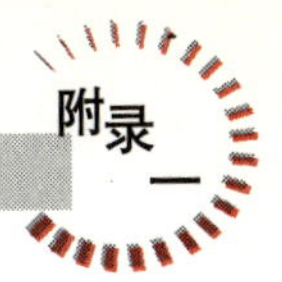

业务 20-2

华城制衣有限公司现金内部支付凭单

年　　月　　日　　　　　　编号：

领款人：
付款用途：
金额：（大写）　　　　　　　　　　¥

主管领导：　　　　财务主管：　　　　出纳：　　　　经办人：

业务 21-1

中国工商银行 进账单（收款通知）

年　　月　　日

<table>
<tr><td rowspan="3">出票人</td><td>全　称</td><td></td><td rowspan="3">收款人</td><td>全　称</td><td colspan="11"></td></tr>
<tr><td>账　号</td><td></td><td>账　号</td><td colspan="11"></td></tr>
<tr><td>开户银行</td><td></td><td>开户银行</td><td colspan="11"></td></tr>
<tr><td rowspan="2">金额</td><td colspan="4" rowspan="2">人民币
（大写）</td><td></td><td>千</td><td>百</td><td>十</td><td>万</td><td>千</td><td>百</td><td>十</td><td>元</td><td>角</td><td>分</td></tr>
<tr><td></td><td></td><td></td><td></td><td></td><td></td><td></td><td></td><td></td><td></td><td></td></tr>
<tr><td colspan="2">票据种类</td><td>票据张数</td><td colspan="13" rowspan="3">收款人开户银行盖章</td></tr>
<tr><td colspan="2">票据号码</td><td></td></tr>
<tr><td colspan="3">复核　　记账</td></tr>
</table>

此联是银行交给收款人的收账通知

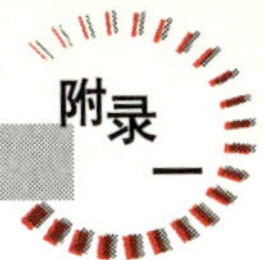

业务 21-2

滨海市统一收款收据

№ 0006233

年 月 日

付款单位		收款方式	
人民币（大写）		¥	
收款事由			

收款单位（盖章） 审核 经手 出纳

第三联 交收款人

业务 22-1

3200004245

上海市增值税专用发票

发票联

№ 0011161

开票日期 2007 年 12 月 22 日

购货单位	名称：华城制衣有限公司 纳税人识别号：120189234567 地址、电话：滨海市秀水道 18 号 开户行及账号：工商银行开发区支行 22446688	密码区					
货物及应税劳务名称	规格	单位	数量	单价	金额	税率	税额
电子编制机	YS06	台	5	10000	¥50000.00	17%	¥8500.00
合计					¥50000.00		¥8500.00
价税合计（大写）	⊗伍万捌仟伍佰元整			（小写）¥58500.00			
销货单位	名称：浦发纺织机械设备有限公司 纳税人识别号：350142987651 地址、电话：浦东长虹路 68 号，23456789 开户行及账号：工商银行浦东支行，11996644	备注	浦发纺织机械设备有限公司 税号：350142987651 模拟 发票专用章				

收款人： 复核： 开票人：柳青 销货单位（章）：

第二联：发票联 购货方记账凭证

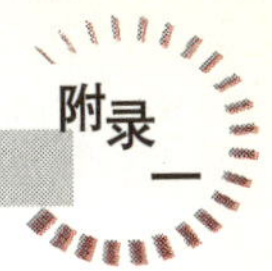

业务 22-2

上海市运输行业统一发票

№03035614

委托书编号 0014587　　开票日期 2007 年 12 月 19 日

付款单位	浦发公司	发站 上海		代垫费用		联运费用	
地址	长虹路68号	到站 滨海		项目	金额	项目	金额
收货单位		经由		杂运费	420	提送货数	
				中转杂运费		打包费	10.00
结算编号 银行账号		付款方式 转账		保险费	65	业务费	5.00
				仓储		邮寄费	
货物名称	件数	包装	重量	全程包装费		包干费	
机器设备	5	箱	300	小计	485	小计	15.00
合计人民币（大写）		⊗ 伍佰元整				¥500.00	

企业名称：（盖章）　　复核：　　开单员：李小溪

运输有限公司 财务专用章

业务 22-3

中国工商银行 信汇凭证 （付款通知）③

第　　号

收款人	全称			汇款人	全称		
	账号或住址				账号或住址		
	汇入地点	省　市	汇入行名称		汇入地点	省　市	汇出行名称
人民币（大写）							千百十万千百十元角分
汇款用途				付款人印鉴			
负责　　经办							

此联为付款方记账通知

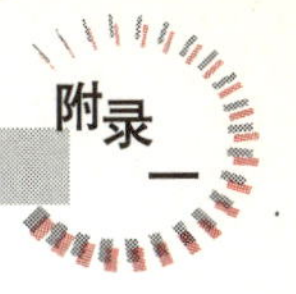

业务 22-4

中国工商银行滨海市开发区支行

手续费收据①

账号 22446688　　户名华城制衣有限公司　　2007 年 12 月 20 日

结算种类	份数	单价(每笔)	金额 万	千	百	十	元	角	分	银行盖章
汇兑(信汇、电汇、银行汇票)	1	50.00			¥	5	0	0	0	
委托收款（邮、电）										
本票、支票										
单位主动查询（信、电查询）										
退汇(信、电退汇)										
合计					¥	5	0	0	0	
大写金额	伍拾元整									

中国工商银行滨海市开发区支行 2007.12.20 模拟 转讫 (2)

出纳　　复核　　记账　　制票

业务 23-1

差旅费报销单

部门 生产部　　2007 年 12 月 21 日

姓名 齐铭			人数 1人			出差事由 技术交流会			
起止时间及地点						车船费	住宿费	住勤补助	合计
月	日	起点	月	日	终点				
12	20	本市	12	21		117.50	100.00	50.00	267.50
小计						117.50	100.00	50.00	267.50
合计人民币（大写）	壹佰陆拾柒元伍角整					预支	报销	退回	

部门主管：　　会计　　出纳　　出差人 齐铭

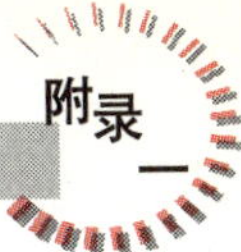

业务 23–2

华城制衣有限公司现金内部支付凭单

年　　月　　日　　　　　编号：

领款人：	
付款用途：	
金额：（大写）	¥

主管领导：　　财务主管：　　出纳：　　经办人：

业务 24–1

中国工商银行（滨）
转账支票存根
$\frac{BB}{02}$ 080625
附加信息

出票日期　　年　月　日

收款人：
金　额：
用　途：

单位主管　　会计

本支票付款期限十天

中国工商银行 **转账支票** （滨） $\frac{BB}{02}$ 080625

出票日期（大写）　　年　月　日　付款行名称：

收款人：　　出票人账号：22446688

人民币（大写）	千	百	十	万	千	百	十	元	角	分

用途

上列款项请从
我账户内支付
出票人签章（章）　　复核　　记账

48⑆9⑆⑈⑆⑈⑆⑈⑆2⑇20⑇⑆751⑇⑆⑆27⑈⑆⑇⑆⑆⑇⑆268⑆⑆⑇⑆

业务 24–2

滨海市服务行业专用发票

发票联　　№00034658

（印章：全国统一发票监制章 滨海市地方税务局监制）

单位名称 华城制衣有限公司　　开票日期 2007 年 12 月 22 日

项　　目	规格	单位	数量	单价	十	万	千	百	十	元	角	分
					金额							
广告费						¥	4	5	0	0	0	0
合计						¥	4	5	0	0	0	0
人民币（大写）	肆仟伍佰元整											

第二联 发票

单位盖章（印章：滨海市博远广告公司 财务专用章）　主管　　复核　　开票 高军

业务 25-1

中国工商银行 转账支票存根 (滨)

BB/02 080626

附加信息

出票日期 年 月 日

收款人：
金 额：
用 途：

单位主管 会计

中国工商银行 转账支票 (滨) BB/02 080626

本支票付款期限十天

出票日期（大写） 年 月 日 付款行名称：

收款人： 出票人账号：22446688

人民币（大写）	千	百	十	万	千	百	十	元	角	分

用途

上列款项请从

我账户内支付

出票人签章（章） 复核 记账

928⑈4⑆⑈2⑆20⑈75127⑈268⑆

业务 25-2

滨海市服务行业专用发票

发票联

发票号码 000241258

单位名称 华城制衣有限公司　　开票日期 2007 年 12 月 23 日

项目	规格	单位	数量	单价	百	十	万	千	百	十	元	角	分
安装调试费								1	0	0	0	0	0
人民币（大写）	壹仟元整			合计			¥	1	0	0	0	0	0

第二联 发票

单位盖章： 主管： 复核： 制单：梁建国

（印章：滨海市统一发票监制章 滨海市地方税务局监制；滨海市机械修理厂 财务专用章）

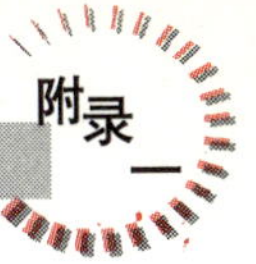

业务 26-1

固定资产竣工交接单

工程名称 电子编织机　　2007 年 12 月 24 日　　编号 041225

<table>
<tr><td rowspan="2">资产名称</td><td rowspan="2">规格型号</td><td rowspan="2">计量单位</td><td rowspan="2">数量</td><td rowspan="2">开工时期</td><td rowspan="2">竣工时期</td><td colspan="5">实际成本</td></tr>
<tr><td>设备价值</td><td>运杂费</td><td>安装费</td><td>借款利息</td><td>合计</td></tr>
<tr><td>电子编织机</td><td></td><td>台</td><td>5</td><td>20</td><td>24</td><td>58500</td><td>500</td><td>1000</td><td></td><td>60000</td></tr>
<tr><td></td><td></td><td></td><td></td><td></td><td></td><td></td><td></td><td></td><td></td><td></td></tr>
<tr><td></td><td></td><td></td><td></td><td></td><td></td><td></td><td></td><td></td><td></td><td></td></tr>
<tr><td></td><td></td><td></td><td></td><td></td><td></td><td></td><td></td><td></td><td></td><td></td></tr>
<tr><td colspan="6">合计</td><td>58500</td><td>500</td><td>1000</td><td></td><td>60000</td></tr>
</table>

<table>
<tr><td rowspan="3">移交单位</td><td rowspan="3">科研部</td><td>车间负责人</td><td></td><td rowspan="3">接受单位</td><td rowspan="3">生产部</td><td>企业负责人</td><td>方正</td></tr>
<tr><td>主管会计</td><td></td><td>主管会计</td><td></td></tr>
<tr><td>经办人</td><td></td><td>经办人</td><td>齐铭</td></tr>
<tr><td colspan="8">备注</td></tr>
</table>

业务 27-1

滨海市服务行业专用发票

№ 00006852

发票联

（印章：全国统一发票监制章 滨海市 地方税务局监制 模拟）

单位名称 华城制衣有限公司　　2007 年 12 月 25 日服字 2000（甲）

<table>
<tr><td rowspan="2">项　　目</td><td rowspan="2">规格</td><td rowspan="2">单位</td><td rowspan="2">数量</td><td rowspan="2">单价</td><td colspan="9">金　额</td></tr>
<tr><td>百</td><td>十</td><td>万</td><td>千</td><td>百</td><td>十</td><td>元</td><td>角</td><td>分</td></tr>
<tr><td>2008 年 1—6 月份房租</td><td></td><td></td><td></td><td></td><td></td><td></td><td>2</td><td>2</td><td>8</td><td>0</td><td>0</td><td>0</td><td>0</td></tr>
<tr><td></td><td></td><td></td><td></td><td></td><td></td><td></td><td></td><td></td><td></td><td></td><td></td><td></td><td></td></tr>
<tr><td></td><td></td><td></td><td></td><td></td><td></td><td></td><td></td><td></td><td></td><td></td><td></td><td></td><td></td></tr>
<tr><td></td><td></td><td></td><td></td><td></td><td></td><td></td><td></td><td></td><td></td><td></td><td></td><td></td><td></td></tr>
<tr><td></td><td></td><td></td><td></td><td></td><td></td><td></td><td></td><td></td><td></td><td></td><td></td><td></td><td></td></tr>
<tr><td colspan="5">小　写　金　额　合　计</td><td></td><td>¥</td><td>2</td><td>2</td><td>8</td><td>0</td><td>0</td><td>0</td><td>0</td></tr>
<tr><td>人民币（大写）</td><td colspan="13">佰 ⊗ 拾 贰 万 贰 仟 捌 佰 零 拾 零 元 零 角 零 分</td></tr>
</table>

第二联 发票

企业盖章：（印章：滨海房地产开发有限公司 财务专用章 模拟）　主管：　复核：　开票：李琳

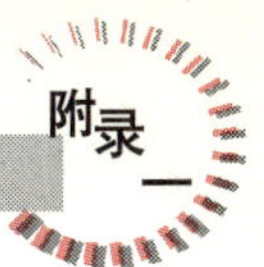

业务 27-2

中国工商银行 (滨)
转账支票存根
BB/02 080627
附加信息

出票日期　　年　月　日

收款人：
金　额：
用　途：

单位主管　　　会计

中国工商银行 转账支票 (滨) BB/02 080627

本支票付款期限十天

出票日期（大写）　　　年　月　日　　付款行名称：

收款人：　　　　　　　　　出票人账号：22446688

人民币（大写）	千	百	十	万	千	百	十	元	角	分

用途
上列款项请从
我账户内支付
出票人签章（章）　　　　复核　　　记账

128□4□⊙□⊙□⊙□2□20□□75127⊙□□□□□□268□□□□□□

业务 28-1

中国工商银行 进账单（收款通知）

年　　月　　日

出票人	全　称		收款人	全　称	
	账　号			账　号	
	开户银行			开户银行	

金额	人民币（大写）	千	百	十	万	千	百	十	元	角	分

票据种类		票据张数		
票据号码				
复核　　记账				收款人开户行盖章

此联是银行交给收款人的收账通知

业务 28-2

1200004245 **滨海市增值税专用发票** № 000913

发票联

开票日期 2007 年 11 月 1 日

购货单位	名　　称： 纳税人识别号： 地址、电话： 开户行及账号：					密码区	
货物及应税劳务名称	规格	单位	数量	单价	金　额	税率	税　额
价税合计（大写）					（小写）		
销货单位	名　　称： 纳税人识别号： 地址、电话： 开户行及账号：				备注		

第四联：记账联　销货方记账凭证

收款人：　　复核：　　开票人：　　销货单位（章）：

业务 29-1

中国工商银行 进账单（收款通知）

年　月　日

出票人	全　称		收款人	全　称	
	账　号			账　号	
	开户银行			开户银行	
金额	人民币（大写）				千 百 十 万 千 百 十 元 角 分
票据种类		票据张数			
票据号码					
复核　记账			收款人开户行盖章		

此联是银行交给收款人的收账通知

业务 29-2

滨海市统一收款收据

№ 0023145

年 月 日

付款单位________________ 收款方式________________

人民币（大写）________________ ¥________________

收款事由________________________________

收款单位（盖章） 审核 经手 出纳

第三联 交款人收

业务 30-1

1200004245

滨海市增值税专用发票

№ 000914

发票联

滨海市国家税务局监制 发票监制章

开票日期 2007 年 11 月 1 日

<table>
<tr><td>购货单位</td><td colspan="5">名　　称：
纳税人识别号：
地址、电话：
开户行及账号：</td><td colspan="3">密码区</td></tr>
<tr><td colspan="2">货物及应税劳务名称</td><td>规格</td><td>单位</td><td>数量</td><td>单价</td><td>金额</td><td>税率</td><td>税额</td></tr>
<tr><td colspan="2"></td><td></td><td></td><td></td><td></td><td></td><td></td><td></td></tr>
<tr><td colspan="2">价税合计（大写）</td><td colspan="7">（小写）</td></tr>
<tr><td>销货单位</td><td colspan="5">名　　称：
纳税人识别号：
地址、电话：
开户行及账号：</td><td>备注</td><td colspan="2"></td></tr>
</table>

收款人： 复核： 开票人： 销货单位（章）：

第四联：记账联 销货方记账凭证

业务 30-2

发货票号　　　　　　　　**产 品 出 库 单**　　　　　　　　编　号 40003

购货单位　　　　　　　　　　　年　　月　　日　　　　　　产品仓库　成品库

产品名称	产品名称	规格	计量单位	发出数量	产品等级		实发数量	单价	金额
备注									

第二联　交会计

记账　　　　　检验　　　　　仓库　　　　　经手人

业务 31-1

1200002170　　　　**滨海市增值税专用发票**　　　　№1050159

发票联

（印章：全国统一发票监制章　滨海市　国家税务局监制　模拟）

开票日期 2007 年 12 月 8 日

购货单位	名　　称：华城制衣有限公司 纳税人识别号：120189234567 地址、电话：滨海市秀水道 18 号 开户行及账号：工商银行开发区支行 22446688					密码区	
货物及应税劳务名称	规格	单位	数量	单价	金　额	税率	税　额
水费		米^3	136	2.50	￥340.00	6%	￥20.40
合　　计					￥340.00		￥20.40
价税合计（大写）	⊗叁佰陆拾元零肆角整					（小写）	￥360.40
销货单位	名　　称：滨海市自来水公司 纳税人识别号：1204686822 地址、电话：滨海市华苑道 81 号，23415610 开户行及账号：工商银行华苑支行，24682468					备注	（印章：滨海市自来水公司　税号：1204686822　模拟　发票专用章）

第二联：发票联　购货方记账凭证

收款人：　　　　复核：　　　　开票人：刘玉洁　　　　销货单位（章）：

业务 31-2

滨海市自来水公司水费清单

委托号 00158　　2007 年 12 月 28 日　　№ 0018646

户　名	华城制衣有限公司	户　号	19-22446688	
地　址	秀水道 18 号	日　期	2007 年 12 月	
水表止码		水表起码	用水量（T）	
2682136		2682000	136	
项　目	单　位	数　量	单　价（元）	水　费（元）
水　费	米 ^{3}	136	2.5	340.00
建金费	米 ^{3}			
库区基金	米 ^{3}			
合　计				340.00
人民币（大写）叁佰肆拾元整				

附件

收款单位章：滨海市自来水公司 税号：1204686822 模拟 发票专用章　　制单：李志强

业务 31-3

特约委托收款凭证（付款通知）3

委收号码：333-09-00158

2007 年 12 月 28 日　　对方科目

付款人	全称	华城制衣有限公司	收款人	全称	滨海市自来水公司
	账号	22446688		账号	24682468
	开户银行	工行开发区支行		开户银行	中行华苑支行

委收金额	人民币（大写）	叁佰肆拾元整	千	百	十	万	千	百	十	元	角	分
							¥	3	4	0	0	0

款项性质	水费	合同号码	CL-0789	付寄单证张数	

备注 特　约	滨海市自来水公司 委托收款 模拟 专用之章 收款人章	根据协议上列款项已由付款单位账户付出。 付款单位开户行章

此联付款人开户行给付款人付款通知

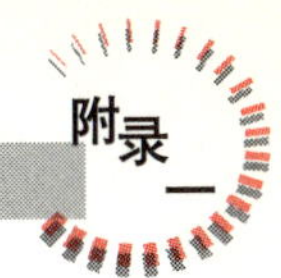

业务 31–4

外购水费分配表

2007 年 12 月　　单位：元

项目 / 应借科目	用水数量	分配率	金额
制造费用	112	2.5	280
管理费用	24	2.5	60
合计	136	2.5	340

主管会计：刘军　　复核：　　制单：丁兰

业务 32–1

1200002170

滨海市增值税专用发票

№ 00915002

发票联

开票日期 2007 年 12 月 28 日

<table>
<tr><td rowspan="4">购货单位</td><td colspan="6">名称：华城制衣有限公司</td><td colspan="2" rowspan="4">密码区</td></tr>
<tr><td colspan="6">纳税人识别号：120189234567</td></tr>
<tr><td colspan="6">地址、电话：滨海市秀水道 18 号</td></tr>
<tr><td colspan="6">开户行及账号：工商银行开发区支行 22446688</td></tr>
<tr><td colspan="2">货物及应税劳务名称</td><td>规格</td><td>单位</td><td>数量</td><td>单价</td><td>金额</td><td>税率</td><td>税额</td></tr>
<tr><td colspan="2">电费</td><td></td><td>度</td><td>2300</td><td>0.56</td><td>¥1380.00</td><td>17%</td><td>¥234.00</td></tr>
<tr><td colspan="2">合计</td><td></td><td></td><td></td><td></td><td>¥1380.00</td><td></td><td>¥234.00</td></tr>
<tr><td colspan="2">价税合计（大写）</td><td colspan="7">⊗壹仟陆佰壹拾肆元陆角整　（小写）¥1614.60</td></tr>
<tr><td rowspan="4">销货单位</td><td colspan="5">名称：滨海电力局</td><td rowspan="4">备注</td><td colspan="2" rowspan="4"></td></tr>
<tr><td colspan="5">纳税人识别号：12025456324</td></tr>
<tr><td colspan="5">地址、电话：滨海市解放路 9 号，23515310</td></tr>
<tr><td colspan="5">开户行及账号：中国银行和平支行，24615378</td></tr>
</table>

收款人：　　复核：　　开票人：霍力　　销货单位（章）：

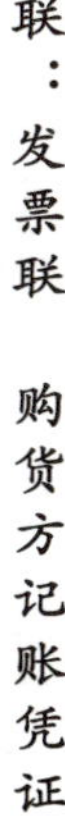

业务 32-2

滨海市自来水公司水费清单

委托号 00158　　2007 年 12 月 28 日　　№ 0018646

户　名	华城制衣有限公司	户　号	19—22446688
地　址	秀水道 18 号	日　期	2007 年 12 月

电表止码	电表起码	用电量（W）
681725	68000	1725

项　目	单　位	数　量	单　价（元）	电　费（元）
电　费	kW	17.25	80	1380.00
合　计				1380.00
人民币（大写）	壹仟叁佰捌拾元整			

附件

收款单位章：滨海市自来水公司 发票专用章　　制单：张志红

业务 32-3

委托收款凭证（付款通知）3

委收号码：666-05-00851

2007 年 12 月 28 日　　对方科目

付款人	全　称	华城制衣有限公司	收款人	全　称	滨海市电业局
	账　号	22446688		账　号	42615378
	开户银行	工行开发区支行		开户银行	中行和平支行

委收金额	人民币（大写）	壹仟陆佰壹拾肆元陆角整	千	百	十	万	千	百	十	元	角	分
						¥	1	6	1	4	6	0

款项金额	电费	合同号码	CL-00851	付寄单证张数	2

备注		
 特 约	滨海市电业局 委托收款 专用之章	根据协议上列款项已由付款单位账户付出。 付款单位开户行章 年　月　日

此联付款人开户行给付款人付款通知

业务 32-4

电费分配表

2007 年 12 月　　　　单位：元

项目 / 应借科目	用电数量	分配率	金　额
制造费用	1400	0.8	1120
管理费用	325	0.8	260
合　　计	1725	0.8	1380.00

主管会计：刘军　　　复核：　　　制单：丁兰

业务 33-1

中国工商银行 (滨)
转账支票存根
BB/02 051214
附加信息

出票日期　　年　月　日
收款人：
金　额：
用　途：

单位主管　　　会计

中国工商银行 **现金支票** (滨) BB/02 051214

出票日期（大写）　　年　月　日　付款行名称：

本支票付款期限十天

收款人：　　　　出票人账号：22446688

人民币（大写）	千	百	十	万	千	百	十	元	角	分

用途
上列款项请从
我账户内支付
出票人签章（章）　　复核　　记账

9□□□□□□□⊙□2▮20▮□▮7□□5⊙□▮□□▮4□□□▮□▮□□

业务 34–1

委托收款凭证（付款通知）3

委收号码：222–05–00866

2007 年 12 月 28 日　　　　对方科目

付款人	全称	华城制衣有限公司	收款人	全称	滨海市电信局
	账号	22446688		账号	98756412
	开户银行	工行开发区支行		开户银行	农行滨湖支行

委收金额	人民币（大写）	壹仟捌佰陆拾元整	千	百	十	万	千	百	十	元	角	分
						¥	1	8	6	0	0	0

款项性质	电话费	合同号码	DX001628	付寄单证张数	2

备注 86314368 西部电话 市话费 350 元 国内长途 450 元 月租费 50 元 手续费 10 元	滨海市电信局 委托收款 模拟 专用之章	根据协议上列款项已由付款单位账户付出。 付款单位开户行章 2007 年 12 月 30 日

此联是付款人开户行给付款人付款通知

业务 34–2

电话费分配表

2007 年 12 月　　　　单位：元

项目 应借科目	部		金额
制造费用	1		320
管理费用	3		1540
合计	4		1860

主管会计：刘军　　　　复核：　　　　制单：丁兰

业务 35-1

中国工商银行 滨海市分行利息收据

2007 年 12 月 31 日

<table>
<tr><td rowspan="3">收款单位</td><td>账　　号</td><td>987654321</td><td rowspan="3">付款单位</td><td>账　　号</td><td colspan="10">19—22446688</td></tr>
<tr><td>户　　名</td><td>工商银行开发区支行</td><td>户　　名</td><td colspan="10">华城制衣有限公司</td></tr>
<tr><td>开户银行</td><td>工行滨海支行</td><td>开户银行</td><td colspan="10">工商银行滨海开发区支行</td></tr>
<tr><td colspan="2" rowspan="2">金额（大写人民币）</td><td colspan="3" rowspan="2">壹仟捌佰元整</td><td>千</td><td>百</td><td>十</td><td>万</td><td>千</td><td>百</td><td>十</td><td>元</td><td>角</td><td>分</td></tr>
<tr><td></td><td></td><td></td><td>¥</td><td>1</td><td>8</td><td>0</td><td>0</td><td>0</td><td>0</td></tr>
<tr><td colspan="3">户第 4 季度　货　款积数
加罚　%=　利率</td><td colspan="12">中国工商银行
滨海市开发区支行
2007.12.31
银行盖章
转讫
(2)</td></tr>
</table>

业务 36-1

领　料　单

领料部门　生 产 部　　　　凭证编号 2-12001

产品名称　纯毛毛衣　　2007 年 12 月 1 日　　存放仓库　原料库

<table>
<tr><td rowspan="2">材料编号</td><td rowspan="2">材料名称</td><td rowspan="2">规　格</td><td rowspan="2">计量单位</td><td colspan="2">数　量</td><td colspan="2">价　格</td></tr>
<tr><td>应　领</td><td>实　发</td><td>单　价</td><td>金　额</td></tr>
<tr><td></td><td>纯毛毛线</td><td></td><td>kg</td><td>100</td><td>100</td><td></td><td></td></tr>
<tr><td></td><td></td><td></td><td></td><td></td><td></td><td></td><td></td></tr>
<tr><td></td><td></td><td></td><td></td><td></td><td></td><td></td><td></td></tr>
<tr><td></td><td></td><td></td><td></td><td></td><td></td><td></td><td></td></tr>
<tr><td colspan="6">备注</td><td>合计</td><td></td></tr>
</table>

第二联　交会计

记账：　　发料：关键　　审批：　　领料：王强

业务 36–2

领 料 单

用料单位 生 产 部　　　　凭证编号 2–1202

产品名称 混纺毛衣　　2007 年 12 月 1 日　　存放地点 原料库

材料编号	材料名称	规 格	计量单位	数 量		价 格	
				应 领	实 发	单 价	金 额
	混纺毛线		kg	150	150		
备注						合计	

第二联 交会计

记账：　　发料：吴键　　审批：　　领料：王强

业务 36–3

领 料 单

用料单位 生 产 部　　　　凭证编号 2–1203

产品名称 混纺毛衣　　2007 年 12 月 12 日　　存放地点 原料库

材料编号	材料名称	规 格	计量单位	数 量		价 格	
				应 领	实 发	单 价	金 额
	混纺毛线		kg	180	180		
备注						合计	

第二联 交会计

记账：　　发料：吴键　　审批：　　领料：王强

业务 36-4

领 料 单

用料单位　生 产 部　　　　　　　　　　　　　　　　凭证编号 2-1204

产品名称　纯毛毛衣　　　　2007 年 12 月 12 日　　　　存放地点　原料库

材料编号	材料名称	规　格	计量单位	数　量		价　格	
				应　领	实　发	单　价	金　额
	纯毛毛线		kg	190	190		
备注						合计	

第二联　交会计

记账：　　　　发料：关键　　　　审批：　　　　领料：王强

业务 36-5

领 料 单

用料单位　生 产 部　　　　　　　　　　　　　　　　凭证编号 2-1205

产品名称　一般消耗　　　　2007 年 12 月 12 日　　　　存放地点　原料库

材料编号	材料名称	规　格	计量单位	数　量		价　格	
				应　领	实　发	单　价	金　额
	纯棉纱线		kg	85.0	85.0		
备注						合计	

第二联　交会计

记账：　　　　发料：程林　　　　审批：　　　　领料：王强

业务 36-6

原材料消耗表汇总表

单位名称：　　　　　　　2007 年 12 月 31 日　　　　　　　单位：元

产品名称	投产数量	单位	纯毛毛线		混纺毛线		纯棉纱线		合　计
			数　量	金　额	数　量	金　额	数　量	金　额	
纯毛毛衣									
混纺毛衣									
车间耗用									
合　计									

部门主管：　　　　　　　审核：　　　　　　　制表：

业务 37-1

房屋租赁费用计算表

单位名称：　　　　　　　2007 年 12 月 31 日　　　　　　　单位：元

会计科目	房屋租赁费	合　　计
合　　计		

部门主管：　　　　　　　复核：　　　　　　　制表人：

业务 38-1

固定资产折旧计算表

单位名称：　　　　　　　　年　　月　　日　　　　　　　　单位：元

科目 \ 类别 \ 项目		月初应计提的固定资产原值	折旧费	
			月折旧率	金　额
制造费用	房屋及建筑物			
	机 器 设 备			
	小　　计			
管理费用	厂房及建筑物			
	办 公 设 备			
	运 输 工 具			
	供 暖 设 备			
	小　　计			
合　　计				

部门主管：　　　　　　　　复核：　　　　　　　　制表：

业务 39-1

工资费用分配表

企业名称：　　　　　　　　年　　月　　日　　　　　　　　单位：元

项目 \ 科目	生产成本	制造费用	管理费用	合　计
合　计				

会计主管：　　　　　　　　审核：　　　　　　　　制表：

业务 40-1

制造费用分配表

单位名称：　　　　　　　　　　年　月　日　　　　　　　　　　单位：元

产品名称	分配标准 (生产工人工资)	分配率	金　额
合　计			

主管会计：　　　　　　　　复核：　　　　　　　　制表人：

业务 41-1

产品成本计算单

产品名称：纯毛毛衣　　　　　　　年　月　日　　　　　　　计量单位：元

成本项目	数量	单位成本（件）	直接材料	直接人工			制造费用	合计
			纯毛毛绒	工资费用	福利费	小计		
期初结存								
本期投入								
合　计								
本期完工								
期末结存								
备　注								

会计主管：　　　　　　　　审核：　　　　　　　　制表：

业务 41-2

产品成本计算单

产品名称：混纺毛衣　　　　年　　月　　日　　　　计量单位：元

成本项目	数量	单位成本（件）	直接材料混纺毛线	直接人工			制造费用	合计
				工资费用	福利费	小计		
期初结存								
本期投入								
合计								
本期完工								
期末结存								
备注								

会计主管：　　　　审核：　　　　制表：

业务 42-1

应交税金计算表

年　　月　　日　　　　单位：元

项目	增值税		
	计税基数	税率	税额
城市建设维护税		7%	
教育费附加		3%	
合计			

主管会计：　　　　审核：　　　　制表：

业务 43-1

应交增值税计算表

年　月　日　　　　单位：元

项　目	增　值　税		
	6%	17%	合　计
销项税额			
进项税额			
应交税额			

主管会计：　　　　审核：　　　　制表：

业务 44-1

销售成本计算表

企业名称：　　　　年　月　日　　　　单位：元

品　名	单　位	销售数量	单位成本	销售成本
合　计				

主管会计：　　　　审核：　　　　制表：

业务 44-2

材料出库单

用料单位 销售材料　　　　　　　　　　　　　　　凭证编号 20003

发票号码 No 0000913　　　　年　月　日　　　　存放地点 原料库

材料编号	材料名称	规　格	计量单位	数　量		价　格	
				应　领	实　发	单　价	金　额
备注						合计	

第二联 交会计

仓库负责人：　　记账：　　仓库保管：程林　　经办人：刘明

业务 45-1

销售收入汇总表

企业名称：　　　　年　月　日　　　　单位：元

品　名	单　位	销售数量	单　价	金　额	税　额	税价合计
合　计						

主管会计：　　审核：　　制表：

业务 46–1

华城制衣有限公司内部转账凭单

年　　月　　日　　　　编号：

项　　目	会计科目	金　　额
应借项目		
应贷项目		

主管领导：　　　　财务主管：　　　　出纳：　　　　经办人：

注　此项经济业务也可以不编制原始凭证，直接根据账薄记录转账。

业务 47–1

所得税计算表

企业名称：　　　　年　月　日　　　　单位：元

税款所属日期	计税金额	税率	应交税额
合　　计			

主管会计：　　　　审核：　　　　制表：

业务 48–1

华城制衣有限公司内部转账凭单

年　　月　　日　　　　编号：

项　目	会计科目	金　额
应借科目		
应贷科目		

主管领导：　　财务主管：　　出纳：　　经办人：

注　此项经济业务也可以不编制原始凭证，直接根据账薄记录转账。

业务 49–1

盈余公积计算表

企业名称：　　年　　月　　日　　单位：元

项　目	计算基数	计提比例	提取金额
法定盈余公积			
任意盈余公积			
合　计			

主管会计：　　审核：　　制表：

业务 50–1

利润分配计算表

企业名称：　　年　　月　　日　　单位：元

项　目	计算基数	计提比例	提取金额
应付利润——立新公司			
应付利润——天丰公司			
合　计			

主管会计：　　审核：　　制表：

附录二　综合实训经济业务参考答案

1日，银付1号　借：应付账款——新华毛纺织厂　　23 400
　　　　　　　　　贷：银行存款　　23 400

2日，银收1号　借：银行存款　　32 000
　　　　　　　　　贷：应收账款——大明公司　　32 000

3日，银付2号　借：在途物资——混纺毛线　　40 000
　　　　　　　　　应交税费——应交增值税（进项税额）　　6 800
　　　　　　　　　贷：银行存款　　46 800

4日，银付3号　借：库存现金　　1 000
　　　　　　　　　贷：银行存款　　1 000

5日，现付1号　借：管理费用　　200
　　　　　　　　　贷：库存现金　　200

　　　转字1号　借：原材料——混纺毛线　　40 000
　　　　　　　　　贷：在途物资——混纺毛线　　40 000

6日，现付2号　借：其他应收款——高山　　1 000
　　　　　　　　　贷：库存现金　　1 000

7日，银付4号　借：应交税费——应交增值税　　5 600
　　　　　　　　　　　　　——应交城建税　　392

——教育费附加　168

贷：银行存款　6 160

8日，转字2号　借：原材料——纯毛毛线　84 000

应交税费——应交增值税(进项税额)　14 280

贷：应付账款——新华毛纺织厂　98 280

8日，现付3号　借：管理费用——办公费　160

贷：库存现金　160

9日，转字3号　借：应收账款——大明商厦　97 110

贷：主营业务收入——混纺毛衣　45 000

——纯毛毛衣　38 000

贷：应交税费——应交增值税(销项税额)　14 110

10日，银付5号　借：库存现金　53 280

贷：银行存款　53 280

10日，现付4号　借：应付职工薪酬　53 280

贷：库存现金　53 280

11日，银收2号　借：银行存款　24 000

贷：应收票据——华美公司　24 000

12日，转字4号　借：管理费用　1 437.50

贷：其他应收款——刘明　1 437.50

现收1号　借：库存现金　62.50

贷：其他应收款——刘明　62.50

13日，银付6号　借：营业外支出——捐赠支出　10 000

贷：银行存款　10 000

14 日，银付 7 号　借：应付账款——新华毛纺织厂　　49 780
　　贷：银行存款　　49 780

15 日，银收 3 号　借：银行存款　　1 825.50
　　贷：营业外收入　　1 825.50

16 日，转字 5 号　借：应收账款——华美公司　　159 120
　　贷：主营业务收入——混纺毛衣　　60 000
　　——纯毛毛衣　　76 000
　　贷：应交税费——应交增值税(销项税额)　　23 120

17 日，银付 8 号　借：库存现金　　1 000
　　贷：银行存款　　1 000

18 日，现付 5 号　借：制造费用　　400
　　贷：库存现金　　400

19 日，银收 4 号　借：银行存款　　97 110
　　贷：应收账款——大明公司　　97 110

20 日，银付 9 号　借：在建工程　　59 000
　　财务费用　　50
　　贷：银行存款　　59 050

21 日，现付 6 号　借：制造费用　　267.50
　　贷：库存现金　　267.50

22 日，银付 10 号　借：销售费用　　4 500
　　贷：银行存款　　4 500

23 日，银付 11 号　借：在建工程　　1 000
　　贷：银行存款　　1 000

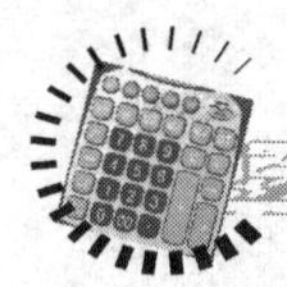

24日，转字6号 借：固定资产 60 000

贷；在建工程 60 000

25日，银付12号 借：预付账款——房屋租赁费 22 800

贷：银行存款 22 800

26日，银收5号 借：银行存款 14 040

贷：其他业务收入——纯毛毛线 12 000

应交税费——应交增值税（销项税额） 2 040

27日，银收6号 借：银行存款 100 000

贷：应收账款——华美公司 100 000

27日，转字7号 借：应收账款——大明商场 78 560

贷：主营业务收入——混纺毛衣 30 000

——纯毛毛衣 38 000

应交税费——应交增值税（销项税额） 11 560

28日，银付13号 借：制造费用 280

管理费用 60

应交税费——应交增值税（进项税额） 20.40

贷：银行存款 360.40

28日，银付14号 借：制造费用 1 120

管理费用 260

应交税费——应交增值税（进项税额） 234.60

贷：银行存款 1 614.60

29日，银付15号 借：库存现金 1 000

贷：银行存款 1 000

30日，银付16号 借：制造费用 320

管理费用 1 540

贷：银行存款 1 860

31 日，银付 17 号 借：财务费用 600

应付利息 1 200

贷：银行存款 1 800

31 日，转字 8 号 借：生产成本——纯毛毛衣 81 200

——混纺毛衣 66 000

制造费用 6 800

贷：原材料——纯毛毛衣 81 200

——混纺毛衣 66 000

——纯棉纱线 6 800

31 日，转字 9 号 借：销售费用——房租 3 800

贷；预付账款 3 800

31 日，转字 10 号 借：制造费用——折旧费 1 662.50

管理费用——折旧费 712.50

贷：累计折旧 2 375

31 日，转字 11 号 借：生产成本——纯毛毛衣 20 600

——混纺毛衣 16 900

制造费用 4 150

贷：应付职工薪酬——工资 53 280

31 日，转字 12 号 借：生产成本——纯毛毛衣 8 240

——混纺毛衣 6 760

贷：制造费用 15 000

31 日，转字 13 号 借：库存商品——纯毛毛衣 110 040

——混纺毛衣 89 660

贷：生产成本——纯毛毛衣 110 040

——混纺毛衣 89 660

31日，转字14号　借：营业税金及附加　2 949.50
　　贷：应交税费——应交城建税　2 064.65
　　　　——应交教育费附加　884.85

31日，转字15号　借：应交税费——转出未交增值税　29 495
　　贷：应交税费——应交增值税　29 495

31日，转字16号　借：主营业务成本——纯毛毛衣　88 032
　　——混纺毛衣　80 694
　　贷：库存商品——纯毛毛衣　88 032
　　　　——混纺毛衣　80 694

31日，转字17号　借：其他业务成本　11 200
　　贷：原材料——纯毛毛线　11 200

31日，转字18号　借：主营业务收入　299 000
　　其他业务收入　12 000
　　营业外收入　1 825.50
　　贷：本年利润　312 825.50

31日，转字19号　借：本年利润　217 825.50
　　贷：主营业务成本　168 726.00
　　　　营业税金及附加　2 949.50
　　　　其他业务支出　11 200.00
　　　　销售费用　8 300.00
　　　　管理费用　16 000.00
　　　　财务费用　650.00
　　　　营业外支出　10 000.00

31日，转字20号　借：所得税费用　19 000
　　贷：应交税费——应交所得税　19 000

31日，转字21号　借：本年利润　19 000
　　贷：所得税费用　19 000

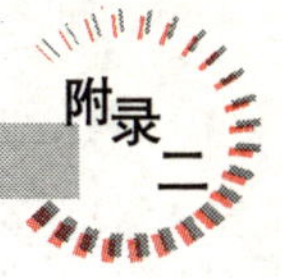

31 日，转字 22 号　借：本年利润　221 000
　　贷：利润分配——未分配利润　221 000

31 日，转字 23 号　借：利润分配——提取法定盈余公积　22 100
　　——任意盈余公积　11 050
　　贷：盈余公积　33150

31 日，转字 24 号　借：利润分配——应付投资者利润　176 800
　　贷：应付利润——立新公司　88 400
　　——天丰公司　88 400

附录三　单项实训空白会计凭证和账表

一、实训一空白原始凭证

业务 1–1

1200004245　　**滨海市增值税专用发票**　　№ 0001281

发　票　联

（印章：全国统一发票监制章 滨海市 国家税务局监制）

开票日期 2007 年 11 月 16 日

购货单位	名　　称：华城制衣有限公司 纳税人识别号：120189234567 地址、电话：滨海市开发区秀水路 18 号 开户行及账号：工商银行开发区支行 22446688				密码区	<3567/768*48>　//4685- 146798/*8>35/*4689-35783> 3942>*275/6489** **436>4791/*245+/*	
货物及应税劳务名称	规格型号	单位	数量	单价	金　额	税率	税　额
混纺毛线		公斤	200	200	¥40000	17%	¥6800
合　　计					¥40000		¥6800
价税合计（大写）	⊗肆万陆仟捌佰元整				（小写）	¥46800.00	
销货单位	名　　称：新华纺织有限公司 纳税人识别号：120142987654 地址、电话：岳阳道 81 号 23524567 开户行及账号：工商银行和平支行，88664422				备注	（印章：滨海市新华纺织有限公司 税号：120142987654 财务专用章）	

收款人：向阳　　复核：徐萌　　开票人：肖英　　销货单位（章）：略

第二联：发票联　购货方记账凭证

业务 1-2

中国工商银行 (津)
转账支票存根
BB/02 05352628
附加信息

出票日期 年 月 日

收款人：
金　额：
用　途：

单位主管　　会计

中国工商银行 转账支票 (津) 天津 BB/02 05352628

本支票付款期限十天

出票日期（大写）　　年　月　日　　付款行名称：

收款人：　　出票人账号：22446688

人民币（大写）	亿	千	百	十	万	千	百	十	元	角	分

用途

上列款项请从

我账户内支付

出票人签章　　复核　　记账

⑈352628⑈⑆020208031⑆803091066264962⑈00

业务 1-3

收料单

销售单位　　凭证编号 11001

发票号码　　年 月 日　　收料仓库 材料库

材料编号	材料名称	规　格	计量单位	数　量		价　格	
				应　领	实　发	单　价	金　额
备注			合　计				

第二联 交会计

仓库负责人：　　记账：　　仓库保管：　　收料：

业务 2-1

中国工商银行 (滨)
现金支票存根
BB/02 07041281
附加信息

出票日期　年　月　日

收款人：
金　额：
用　途：

单位主管　　会计

本支票付款期限十天

中国工商银行 现金支票 (滨) BB/02 07041281

出票日期（大写）　年　月　日　　付款行名称：

收款人：　　出票人账号：

人民币（大写）	千	百	十	万	千	百	十	元	角	分

用途
上列款项请从
我账户内支付
出票人签章（章）　　复核　　记账

7⑈9⑈⑈⑈⑈⑈⊙⑈2⑈20⑈⑈⑈7⑈⑈5⊙⑈⑈⑈⑈4⑈⑈⑈⑈⑈⑈

业务 3-1

中国工商银行 进账单（回单或收款回单）

科目　　年　月　日　　对方科目

出票人	全　称			收款人	全　称		
	账　号				账　号		
	开户银行		行号		开户银行		行号
金额	人民币（大写）				千 百 十 万 千 百 十 元 角 分		
票据种类		票据张数					
票据数量							
复核　记账				收款人开户行盖章			

此联为收款方记账通知

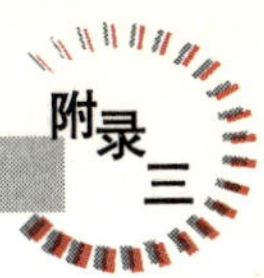

业务 3-2

滨海市统一收款收据

№ 0062291

年　　月　　日

付款单位 ________________ 收款方式 ________________

人民币（大写）________________ ¥ ________________

收款事由 ________________________________

收款单位（盖章）　　审核　　经手　　出纳

第三联 交收款人

业务 4-1

差旅费报销单

部门　　　　年　　月　　日

姓名			人数			出差事由			
起始时间及地点						车船费	住宿费	住勤补助	合计
月	日	起点	月	日	终点				
合计									
合计人民币（大写）						预支	报销	退回	

部门主管：　　会计：　　出纳：　　出差人：

全国统一发票监制章 滨海市 地方税务局

滨海市文化用品商店 财务专用章

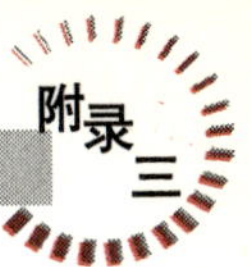

业务 4-2

滨海市统一收款收据

№ 00062292

年 月 日

付款单位 ________ 收款方式 ________

人民币（大写）________ ¥ ________

收款事由 ________

收款单位（盖章） 审核 经手 出纳

第二联 交付款人

业务 5-1

滨海市商业发票

发票号码 00001032740

发 票 联

购货单位：华城制衣有限公司 开票日期 2007年11月5日

商品名称	规格	数量	单位	单价	金额							
					十	万	千	百	十	元	角	分
办公用品						¥	1	3	6	0	0	0
人民币（大写）	壹仟叁佰陆拾元整					¥	1	3	6	0	0	0

企业名称：滨海市文化用品上店 会计：张蓝 开票：林珊

第二联 发票

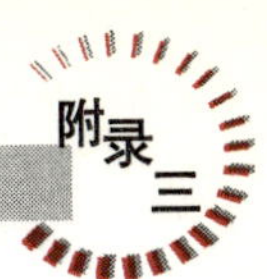

业务 5-2

华城制衣有限公司现金内部支付凭单

全国统一发票监制 滨海市 国家税务局监制

年 月 日 编号：081101

领 款 人：	
付款用途：	
金 额：（大写）	¥

主管领导： 财务主管： 出纳： 经办人：

业务 6-1

中国工商银行 进账单（回单或收款回单）

科目 年 月 日 对方科目

收款人	全 称				付款人	全 称			
	账 号					账 号			
	开户银行		行号			开户银行		行号	
人民币（大写）									千 百 十 万 千 百 十 元 角 分
票据种类		张数			收款人开户行盖章				
票据数量									
负责		经办							

此联为收款方记账通知

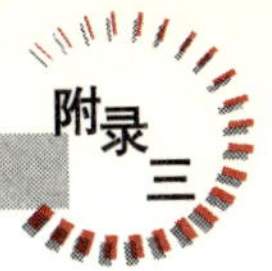

业务 6-2

1200004245 **滨海市增值税专用发票** № 00001202

模拟

发 票 联

开票日期 年 月 日

购货单位	名 称： 纳税人识别号： 地 址 、电 话： 开户行及账号：					密码区		
货物及应税劳务名称	规格型号	单位	数量	单价	金 额	税率	税 额	
合 计								
价税合计（大写）					（小写）			
销货单位	名 称： 纳税人识别号： 地 址 、电 话： 开户行及账号：					备注		

收款人： 复核： 开票人：夏丽 销货单位（章）：略

第二联：发票联 购货方记账凭证

业务 6-3

产 品 出 库 单

发货票号 编 号 3996

购货单位 年 月 日 产品仓库 成品库

产品编号	产品名称	规格	计量单位	发出数量	产品等级		实发数量	单 价	金 额
备 注									

记账： 检验： 仓库： 经手人：萧毅

第二联 交会计

业务 7-1

华城制衣有限公司借款单

年　月　日

部　门	借款人姓名	借款事由	款项用途
借款金额（大写）			
备注			

企业负责人：　　　　出纳：　　　　借款人：

业务 7-2

华城制衣有限公司现金内部支付凭单

年　月　日　　　　编号 081102

领款人：
付款用途：　　　　¥
金额：（大写）

主管领导：　　　　财务主管：　　　　出纳：　　　　经办人：

业务 8–1

中国工商银行 （滨）
现金支票存根

BB/02 07041282

附加信息

出票日期　　年　月　日

收款人：
金　额：
用　途：

单位主管　　　会计

本支票付款期限十天

中国工商银行 现金支票 （滨） BB/02 07041282

出票日期（大写）　　年　月　日　　付款行名称：

收款人：　　出票人账号：

人民币（大写）	亿	千	百	十	万	千	百	十	元	角	分

用途

上列款项请从

我账户内支付

出票人签章（章）　　复核　　记账

4 9 2 20 7 5 3

业务 9–1

中国工商银行 （滨）
转账支票存根

BB/02 080512

附加信息

出票日期　　年　月　日

收款人：
金　额：
用　途：

单位主管　　　会计

本支票付款期限十天

中国工商银行 转账支票 （滨） BB/02 080512

出票日期（大写）　　年　月　日　　付款行名称：

收款人：　　出票人账号：

人民币（大写）	亿	千	百	十	万	千	百	十	元	角	分

用途

上列款项请从

我账户内支付

出票人签章（章）　　复核　　记账

47 9 4 2 20 7 5 4

业务 9-2

滨海市服务行业专用发票

发票号码 0001258

发 票 联

单位名称：华城制衣有限公司　　　　开票日期 2007 年 11 月 9 日

项　目	规格		数量	单价	金额
修理费					3150.00
人民币（大写）	叁仟壹佰伍拾元整			合计	3150.00

第二联 发票

单位盖章（略）　主管　复核　制单：曾强

（印章：滨海市机械修理厂 财务专用章）

业务 10-1

中国工商银行 现金支票存根（滨）

BB/02 07041282

附加信息

出票日期　年　月　日

收款人：
金　额：
用　途：

单位主管　会计

中国工商银行 现金支票（滨） BB/02 07041282

本支票付款期限十天

出票日期（大写）　年　月　日　付款行名称：

收款人：　出票人账号：

人民币（大写）	千	百	十	万	千	百	十	元	角	分

用途

上列款项请从

我账户内支付

出票人签章（章）　复核　记账

7 9 2 20 7 5 8

业务 11–1

工资计算表汇总表

单位名称： 2007 年 11 月 10 日 单位：元

部门 \ 项目		人数	基本工资	奖　金	应付工资	实发工资
生产部	编织一组	20	20800		20800	20800
	编织二组	20	17900		17900	17900
	小　计	40	38700		38700	38700
	制造费用	8	4950		4950	4950
	合　计	48	43650		43650	4360
	管理人员	10	13150		13150	13150
总　计		55	56800		56800	56800

业务 11–2

华城制衣有限公司现金内部支付凭单

年　　月　　日　　　编号：081103

领 款 人：
付款用途：
金　　额：（大写）　　　　　　　　￥

主管领导：　　　财务主管：　　　出纳：　　　经办人：

业务 12-1

华城制衣有限公司现金内部支付凭单

年　　月　　日　　　　编号：081104

领　款　人：
付款用途：
金　　额：（大写）　　　　　　　　¥

主管领导：　　　　财务主管：　　　　出纳：　　　　经办人：

业务 12-2

中国工商银行　现金存款单　第一联回单）

年　　月　　日

<table>
<tr><td rowspan="3">收款单位</td><td>全　称</td><td colspan="3"></td><td rowspan="3">付款单位</td><td>全　称</td><td colspan="3"></td></tr>
<tr><td>账　号</td><td colspan="3"></td><td>账　号</td><td colspan="3"></td></tr>
<tr><td>开户银行</td><td></td><td>行号</td><td></td><td>开户银行</td><td></td><td>行号</td><td></td></tr>
</table>

人民币（大写）	千	百	十	万	千	百	十	元	角	分

面额	张数	万	千	百	十	元	角	分	面额	张数	百	十	元	角	分	备注
壹佰元									伍角							
伍拾元									贰角							
拾元									壹角							
伍元									伍分							
贰元									贰分							
壹元									壹分							

会计　　　　　　　　复核　　　　　　　　记账

二、实训三空白记账凭证

1.空白收款凭证（3张）

收款凭证

出纳编号______

借方科目：　　　　年　月　日　　　　制单编号______

<table>
<tr><td rowspan="2">对方单位</td><td rowspan="2">摘要</td><td colspan="2">贷方科目</td><td colspan="10">金额</td><td rowspan="2" colspan="2">记账符号</td></tr>
<tr><td>总账账户</td><td>明细科目</td><td>千</td><td>百</td><td>十</td><td>万</td><td>千</td><td>百</td><td>十</td><td>元</td><td>角</td><td>分</td></tr>
<tr><td></td><td></td><td></td><td></td><td></td><td></td><td></td><td></td><td></td><td></td><td></td><td></td><td></td><td></td><td></td><td></td></tr>
<tr><td></td><td></td><td></td><td></td><td></td><td></td><td></td><td></td><td></td><td></td><td></td><td></td><td></td><td></td><td></td><td></td></tr>
<tr><td></td><td></td><td></td><td></td><td></td><td></td><td></td><td></td><td></td><td></td><td></td><td></td><td></td><td></td><td></td><td></td></tr>
<tr><td></td><td></td><td></td><td></td><td></td><td></td><td></td><td></td><td></td><td></td><td></td><td></td><td></td><td></td><td></td><td></td></tr>
<tr><td colspan="4">合　计</td><td></td><td></td><td></td><td></td><td></td><td></td><td></td><td></td><td></td><td></td><td></td><td></td></tr>
</table>

附凭证　张

会计主管：　　记账：　　稽核：　　出纳：　　制单：

收款凭证

出纳编号______

借方科目：　　　　年　月　日　　　　制单编号______

<table>
<tr><td rowspan="2">对方单位</td><td rowspan="2">摘要</td><td colspan="2">贷方科目</td><td colspan="10">金额</td><td rowspan="2" colspan="2">记账符号</td></tr>
<tr><td>总账账户</td><td>明细科目</td><td>千</td><td>百</td><td>十</td><td>万</td><td>千</td><td>百</td><td>十</td><td>元</td><td>角</td><td>分</td></tr>
<tr><td></td><td></td><td></td><td></td><td></td><td></td><td></td><td></td><td></td><td></td><td></td><td></td><td></td><td></td><td></td><td></td></tr>
<tr><td></td><td></td><td></td><td></td><td></td><td></td><td></td><td></td><td></td><td></td><td></td><td></td><td></td><td></td><td></td><td></td></tr>
<tr><td></td><td></td><td></td><td></td><td></td><td></td><td></td><td></td><td></td><td></td><td></td><td></td><td></td><td></td><td></td><td></td></tr>
<tr><td></td><td></td><td></td><td></td><td></td><td></td><td></td><td></td><td></td><td></td><td></td><td></td><td></td><td></td><td></td><td></td></tr>
<tr><td colspan="4">合　计</td><td></td><td></td><td></td><td></td><td></td><td></td><td></td><td></td><td></td><td></td><td></td><td></td></tr>
</table>

附凭证　张

会计主管：　　记账：　　稽核：　　出纳：　　制单：

收款凭证

出纳编号________

借方科目：　　　　　　　　年　　月　　日　　　　　　制单编号________

对方单位	摘要	贷方科目		金额										记账符号
		总账账户	明细科目	千	百	十	万	千	百	十	元	角	分	
合计														

附凭证　　张

会计主管：　　记账：　　稽核：　　出纳：　　制单：

2.空白付款凭证（9张）

付款凭证

出纳编号________

贷方科目：　　　　　　　　年　　月　　日　　　　　　制单编号________

对方单位	摘要	借方科目		金额										记账符号
		总账账户	明细科目	千	百	十	万	千	百	十	元	角	分	
合计														

附凭证　　张

会计主管：　　记账：　　稽核：　　出纳：　　制单：

付款凭证

出纳编号________

贷方科目:　　　　　　年　　月　　日　　　　　制单编号________

对方单位	摘要	借方科目		金额										记账符号
		总账账户	明细科目	千	百	十	万	千	百	十	元	角	分	
合计														

附凭证　　张

会计主管:　　记账:　　稽核:　　出纳:　　制单:

付款凭证

出纳编号________

贷方科目:　　　　　　年　　月　　日　　　　　制单编号________

对方单位	摘要	借方科目		金额										记账符号
		总账账户	明细科目	千	百	十	万	千	百	十	元	角	分	
合计														

附凭证　　张

会计主管:　　记账:　　稽核:　　出纳:　　制单:

付款凭证

出纳编号________

贷方科目：　　　　年　　月　　日　　　　制单编号________

对方单位	摘　要	借方科目		金　额										记账符号
		总账账户	明细科目	千	百	十	万	千	百	十	元	角	分	
合　计														

附凭证　　张

会计主管：　　记账：　　稽核：　　出纳：　　制单：

付款凭证

出纳编号________

贷方科目：　　　　年　　月　　日　　　　制单编号________

对方单位	摘　要	借方科目		金　额										记账符号
		总账账户	明细科目	千	百	十	万	千	百	十	元	角	分	
合　计														

附凭证　　张

会计主管：　　记账：　　稽核：　　出纳：　　制单：

付 款 凭 证

出纳编号

贷方科目：　　　　年　　月　　日　　　制单编号

对方单位	摘　要	借方科目		金额										记账符号
		总账账户	明细科目	千	百	十	万	千	百	十	元	角	分	
合　计														

附凭证　张

会计主管：　　记账：　　稽核：　　出纳：　　制单：

付 款 凭 证

出纳编号

贷方科目：　　　　年　　月　　日　　　制单编号

对方单位	摘　要	借方科目		金额										记账符号
		总账账户	明细科目	千	百	十	万	千	百	十	元	角	分	
合　计														

附凭证　张

会计主管：　　记账：　　稽核：　　出纳：　　制单：

付款凭证

出纳编号

贷方科目：　　　　年　　月　　日　　　　制单编号

对方单位	摘要	借方科目		金额										记账符号
		总账账户	明细科目	千	百	十	万	千	百	十	元	角	分	
合计														

附凭证　　张

会计主管：　　记账：　　稽核：　　出纳：　　制单：

付款凭证

出纳编号

贷方科目：　　　　年　　月　　日　　　　制单编号

对方单位	摘要	借方科目		金额										记账符号
		总账账户	明细科目	千	百	十	万	千	百	十	元	角	分	
合计														

附凭证　　张

会计主管：　　记账：　　稽核：　　出纳：　　制单：

3. 空白转账凭证（1 张）

转 账 凭 证

总号________

年　月　日

分号________

摘要	总账科目	明细科目	借方科目								贷方科目								记账符号
			十	万	千	百	十	元	角	分	十	万	千	百	十	元	角	分	
合　计																			

附凭证　张

会计主管：　记账：　稽核：　出纳：　制单：

三、实训五现金日记账、银行存款日记账账页

现 金 日 记 账

年		凭证		摘　要	对方科目	借　方									√	贷　方									√	余　额								
月	日	字	号			千	百	十	万	千	百	十	元	角	分		千	百	十	万	千	百	十	元	角	分		千	百	十	万	千	百	十	元	角	分

银行存款日记账

年		凭证		摘要	对方科目	借方										√	贷方										√	余额									
月	日	字	号			千	百	十	万	千	百	十	元	角	分		千	百	十	万	千	百	十	元	角	分		千	百	十	万	千	百	十	元	角	分

四、实训五记账凭证和账页

收款凭证

出纳编号________

借方科目：　　　　年　　月　　日　　　　制单编号________

对方单位	摘要	贷方科目		金额										记账符号
		总账账户	明细科目	千	百	十	万	千	百	十	元	角	分	
合计														

附凭证　　张

会计主管：　　记账：　　稽核：　　出纳：　　制单：

银行存款日记账

07年		凭证号	结算方式	摘要	对方科目	借方										贷方										借或贷	余额									
月	日					千	百	十	万	千	百	十	元	角	分	千	百	十	万	千	百	十	元	角	分		千	百	十	万	千	百	十	元	角	分
11	1			期初余额																						借			1	8	2	3	6	0	0	0
11	3	1		收回欠款	应收账款				2	3	0	0	0	0	0											借			1	5	9	3	6	0	0	0

应收账款明细账

07年		凭证号	摘要	借方										贷方										借或贷	余额									
月	日			千	百	十	万	千	百	十	元	角	分	千	百	十	万	千	百	十	元	角	分		千	百	十	万	千	百	十	元	角	分
11	1		期初余额																					借				3	2	0	0	0	0	0
11	3	1	收回欠款				2	3	0	0	0	0	0											借					9	0	0	0	0	0

付款凭证

出纳编号…………

贷方科目　　　　　　年　　月　　日　　　　制单编号…………

对方单位	摘要	借方科目		金额										记账符号
		总账账户	明细科目	千	百	十	万	千	百	十	元	角	分	
合计														

附凭证　张

会计主管：　　记账：　　稽核：　　出纳　　制单：

现金日记账

年		凭证		摘要	对方科目	借方										贷方										借或贷	余额									
月	日	字	号			千	百	十	万	千	百	十	元	角	分	千	百	十	万	千	百	十	元	角	分		千	百	十	万	千	百	十	元	角	分
11	1			期初余额																						借					5	0	8	6	0	0
11	5	现付	1	购办公用品	管理费用															1	6	3	0	0	0	借					3	4	5	6	0	0

管理费用明细账

07年		凭证		摘要	工资及福利费	办公费	折旧费	修理费	……	合计
月	日	字	号							
11	9	现付	1	购办公用品		1630.00				1630.00

付 款 凭 证

出纳编号…………

贷方科目　　　　年　　月　　日　　　　制单编号…………

对方单位	摘　要	借方科目		金额										记账符号
		总账账户	明细科目	千	百	十	万	千	百	十	元	角	分	
合　计														

附凭证　张

会计主管：　　记账：　　稽核：　　出纳：　　制单：

付 款 凭 证

出纳编号…………

贷方科目　　　　年　　月　　日　　　　制单编号…………

对方单位	摘　要	借方科目		金额										记账符号
		总账账户	明细科目	千	百	十	万	千	百	十	元	角	分	
合　计														

附凭证　张

会计主管：　　记账：　　稽核：　　出纳：　　制单：

银行存款日记账

07年		凭证号	结算方式	摘要	对方科目	借方										贷方										借或贷	余额									
月	日					千	百	十	万	千	百	十	元	角	分	千	百	十	万	千	百	十	元	角	分		千	百	十	万	千	百	十	元	角	分
11	1			期初余额																						借			1	5	0	3	6	0	0	0
11	9	4	银付转支512	支付修理费用	管理费用															3	1	5	0	0	0	借			1	1	8	8	6	0	0	0

管理费用明细账

07年		凭证		摘要	工资及福利费	办公费	折旧费	修理费	……	合计
月	日	字	号							
11	9	银付	4	支付修理费		3150.00				3150.00

制造费用明细账

07年		凭证		摘要	工资及福利费	修理费	办公费	折旧费	……	合计
月	日	字	号							

银行存款日记账

07年		凭证		结算方式	摘要	对方科目	借方										贷方										借或贷	余额									
月	日	字	号				千	百	十	万	千	百	十	元	角	分	千	百	十	万	千	百	十	元	角	分		千	百	十	万	千	百	十	元	角	分
11	1				期初余额																						借			1	8	2	3	6	0	0	0
11	10	现付	4		支付工资	应付职工薪酬														5	4	6	0	0	0	0	借			1	2	7	7	6	0	0	0

现金日记账

年		凭证		摘要	对方科目	借方										√	贷方										√	余额									
月	日	字	号			千	百	十	万	千	百	十	元	角	分		千	百	十	万	千	百	十	元	角	分		千	百	十	万	千	百	十	元	角	分

五、实训七空白资产负债表及空白利润表

资产负债表

填制单位：**华城公司**　　　　年　　月　　日　　　　单位：元

资　产	行次	年初数	期末数	负债和所有者权益	行次	年初数	期末
流动资产：				流动负债：			
货币资金				短期借款			
交易性金融资产				交易性金融负债			
应收票据				应付票据			
应收账款				应付账款			
预付账款				预收账款			
应收利息				应付职工薪酬			
应收股利				应交税费			
其他应收款				应付利息			
存货				应付股利			
一年内到期的非流动资产				其他应付款			
其他流动资产				一年内到期的非流动负债			
流动资产合计				其他流动负债			
非流动资产：				流动负债合计			
可供出售的金融资产				非流动负债：			
持有至到期投资				长期借款			
长期应收款				应付债券			
长期股权投资				长期应付款			
投资性房地产				专项应付款			
固定资产				预计负债			
在建工程				递延所得税负债			
工程物资				其他非流动负债			
固定资产清理				非流动负债合计			
生产性生物资产				负债合计			
油气资产				所有者权益：			
无形资产				实收资本			
开发支出				资本公积			
商誉				减：库存股			
长期待摊费用				盈余公积			
递延所得税资产				未分配利润			
其他非流动资产				所有者权益合计			
非流动资产合计							
资产总计				负债及所有者权益总计			

利润表

填制单位：华城公司　　　　　　　　　年　　月　　　　　　　　　　单位：元

项　目	行次	本月数	本年累计数
一、营业收入			
减：营业成本			
营业税金及附加			
销售费用			
管理费用			
财务费用			
资产减值损失			
加：公允价值变动收益			
投资收益			
其中：对联营企业和合营企业的投资收益			
二、营业利润			
加：营业外收入			
减：营业外支出			
其中：非流动资产处置损失			
三、利润总额			
减：所得税费用			
四、净利润			
五、每股收益			
(一) 基本每股收益			
(二) 稀释每股收益			

参考文献

[1] 李明.最新企业会计准则学习与应用[M].北京：中国言实出版社，2007.

[2]于玉林.会计实验学[M].北京：经济科学出版社，2004.

[3]于玉林.会计基础实验[M].北京：经济科学出版社，2004.

[4]孙万军.会计岗位综合实训[M].北京：高等教育出版社，2002.

[5]徐淑芬.企业会计实习教程[M].北京：中国财政经济出版社，2002.

[6]段文平.会计基础技能训练[M].北京：中国纺织出版社，2001.